Du même auteur :

Aux éditions Lulu :

Des pas….sculpteurs de vie
Le parfum des mouvances
Eclaboussures
Les étoiles la nuit
Fondus enchaînés
Entre deux vents la vie
Errance poétique d'un vers inachevé
L'aube d'un émoi
Deviens qui tu es (Nietzsche)
A l'encre de brume

Aux éditions BoD :

Quelques alexandrins pour rythmer la saison
Points de rencontre
A mon père…
Patchwork poétique

Sylvie TOUAM

Poèmes aux quatre vents

Préface de Mélanie LAUNAY

BoD 12/14, rond-point des Champs Elysées, 75 008 Paris, France

© 2020 Sylvie Touam
ISBN : 9782322238460
Editeur : BoD – Books on Demand-
12/14, rond-point des Champs Elysées, 75 008 Paris, France
Impression : BoD – Books on Demand, Allemagne
Dépôt légal : juillet 2020

Préface
de Mélanie LAUNAY

Voilà déjà quelques années que la vie a bien fait les choses. Une rencontre, professionnelle, dans une école. Rencontre de deux pédagogues, Sylvie enseignante et moi chanteuse. Toutes deux aux petits soins face à des êtres en construction.

Sylvie Touam.
Dans ma tête ça a fait tilt, Tout-âme, j'aime les jeux de mots. Et cette âme avec un tout, elle m'a séduite par son humour, sa vision du monde et de l'humain. Elle m'a avoué écrire des poèmes. En fait avouer n'est pas le bon verbe, non. On avoue un crime, un délit ou même une erreur alors que prendre une plume pour poser des mots sur un cahier n'a rien de délictueux, enfin, ça dépend où…

Donc je corrige, Sylvie a osé me dévoiler sa passion pour l'écriture, en alexandrins, en toute humilité, sans détours et sans fioritures. Elle m'a offert son recueil "Le parfum des mouvances" dédicacé évidemment. Je l'ai toujours dans ma bibliothèque, précieusement installé, rangé entre Verlaine et Apollinaire, avec les poètes.
Certains rangeront les livres par auteur ou seulement à suivre selon les achats, moi c'est par genre, je trouve ça plus pratique et c'est quand même très classieux que de se retrouver avec les plus grands. Normal, Sylvie c'est une grande. Une grande de l'écriture qui se dévoile à travers ses vers.
Je ne vois pas à travers ce recueil quelque autobiographie que ce soit car il parle à chacun de nous, sur nos questionnements, nos aventures, les chemins que nous prenons.
Tout au long du chemin, justement...

C'est une remise en question, oser aborder des états d'âme, des états d'être.

Oser n'est pas un exercice facile à faire si l'on se soucie de ce et de ceux qui nous entourent mais s'il est une chose que j'apprécie particulièrement c'est ça, oser. Quoi de mieux que de pouvoir le faire à travers la poésie, finalement, tout passe en poésie.

Je pense qu'à la fin, après s'être délecté de ce recueil qui se "s'aime" aux quatre vents, chacun d'entre nous verra le sourire de la lune, chacun aura reconnu une part de soi, de ses directions, de ses choix, une part de ses propres pensées, comme une sorte de reliance de l'instant et du vivant.

Je vais changer mes livres de place dans ma bibliothèque, poésie et philosophie côte à côte, celui-ci en fera la liaison.

Mélanie LAUNAY

Mélanie LAUNAY, nantaise passionnée de musique, a fait des études de chant et de flûte traversière au Conservatoire de Saint Nazaire où elle a été récompensée d'une médaille d'or. Elle a ensuite privilégié le chant dans ses divers états : transmission auprès des enfants, direction de groupes vocaux et bien sûr la scène, où elle se produit notamment avec Sandy Rogers and the Boss, Melandreï Duo, Manosevago's ou Urban Voice. Aujourd'hui elle se consacre à son duo « Monsieur & Madame » qu'elle forme avec Joël Vaillant, « duo poético-rigolo », qui les conduit un peu partout de tournées en tournées...

http://leblogdemretmme.canalblog.com

Confession particulière…

Livrer ses sentiments c'est souvent une épreuve. Gérer comme un trop-plein de sensibilité en connectant les mots à ce qui les abreuve, c'est-à-dire le cœur dans sa complexité. Faire émerger le verbe au creux de son langage, comme s'il existait dans son expression. L'extérioriser dans tout ce qu'il engage c'en est presque un fantasme où va l'émotion. Dans l'abandon de soi le silence s'épanche. Le non-dit définit l'écho comme idéal. Le miroir de l'exil où l'âme se retranche fige la confidence et trompe le mental.

La poésie appelle au clair de ce mensonge, non pas comme une esquive autorisant l'aveu de son intimité, mais parce qu'elle plonge l'être au cœur de lui-même et de ce qui l'émeut.
Dans l'incapacité d'exprimer un « je t'aime », d'accorder une larme en toute vérité, ne pas savoir se dire autrement qu'en poème derrière le rempart de la réalité,

Des poèmes aux quatre vents…

Sylvie TOUAM
Contact : sylvietouam@yahoo.fr

Ajustement…

On s'habitue à tout du moins le croyons-nous
Quand la vie un peu folle embrouille l'ordinaire
Retirant les jalons descellant les verrous
D'un quotidien d'usage où tout se regénère

On accepte l'idée où cet inattendu
Vient pour parlementer sans chercher à débattre
De ce qui ne serait qu'un vil malentendu
Un quiproquo caché sous la chappe d'albâtre

Tout est impermanent sauf cette habileté
A dérouter l'obstacle échafaudant ensemble
De nouveaux garde-fous le désir projeté
Sur un écran géant qui soudain nous ressemble

Parce que l'existence est un peu ce miroir
Un face à face inné d'amour et de mensonge
Chacun charme l'image à l'ombre d'un parloir
Et s'approprie un vœu que le reflet prolonge

On s'habitue à tout du moins l'on se construit
Un nouvel alibi pour se saisir en phase
Avec ce bleu mirage où l'absence de bruit
Epoumone le sens qui recherche l'extase…

La spiritualité du monde…

Par la diversité des couleurs et des mots
Par celle des chansons celle des paysages
Aussi par ses miroirs par ses échos jumeaux
L'univers est fécond riche de ses images

Bien sûr tous l'on s'accorde à deviner l'ennui
Qui deviendrait le nôtre en un monde identique
Un décor infini même jour même nuit
Même son même goût pour un rêve statique

Le peuple des vivants ne saurait être exclu
De ce foisonnement le genre l'ascendance
Le pigment de la peau le dire est superflu
Le corps paraphe là son interdépendance

Ainsi sont les talents les désirs les revers
On connait des sportifs tout comme des artistes
Des gens handicapés les profils sont divers
Et pour chacun la place illumine les pistes

Mais souvent plus tabou c'est le spirituel
Pourtant essentiel à cette multitude
Nombreux sont ses chemins le flux perpétuel
De l'âme vers sa foi signe sa plénitude

***

Si la Terre est fertile en la pluralité
De tous ses horizons la vie intérieure
Tout aussi fabuleuse en la disparité
De ses adhésions trouve là sa demeure…

Rosée blanche…

Le souvenir fréquente un battement de cil
C'est le souffre-douleur d'un passé sans adresse
Il ne se fixe pas il est bien plus subtil
Requis par la brumaille il trompe la tendresse

Le fuir est vaniteux puisqu'il n'habite pas
Un site une maison replier ses bagages
Pour les ouvrir ailleurs qu'importe les pampas
C'est toujours le revivre et sentir les tangages

Le bercer n'est pas mieux quand il mène au chagrin
La mémoire devient sanctuaire du rêve
On aime s'abreuver d'un pleur de son butin
Mais c'est une douceur qui se révèle brève

Ainsi nait le tourment tel un spectre vivant
Un baiser de Judas ressenti dans les veines
Accompagnant le pouls flottant même devant
Comme une destinée où les fugues sont vaines

***

Le souvenir fréquente un battement de cil
Il se donne à pleurer des larmes de silence
Car l'espoir se tarit dans le froid du grésil
Un œil qui se dessèche écluse l'existence…

Vivre et non survivre…

Quand le vide s'installe une stupeur lunaire
Disgracie un écho tout nous semble irréel
Une aura ténébreuse en notre imaginaire
Présage d'un abîme où meurt son idéel

Que faire du chaos lorsqu'il vient nous enceindre
Injurier la vie ou l'aimer d'autant plus
Qu'il nous faut l'inventer sans vouloir se contraindre
A jouer l'innocence au dos des cumulus

Le temps n'est plus le même et déjà la mémoire
Nous projette des films qui semblent désuets
Alors qu'hier encore il était cette histoire
Banalement réglée on en reste muets

Le temps n'est plus le même et déjà c'est la suite
Qui vient accaparer le mental tout devant
On en vient à rêver dans un délit de fuite
Que tout redeviendra pareillement qu'avant

Alors qu'on le sait bien nous ne serons indemnes
Mais d'abord s'en sortir et les proches aussi
C'est la priorité de nos désirs suprêmes
Que nous soyons tous là pour vivre le récit

***

Le temps n'est plus le même il faut le mettre au monde
Apprivoiser l'instant le chérir plus que tout
Et savoir l'ennoblir sur le tourment de l'onde
En allant vers la Vie où l'amour est partout …

D'un même cœur à corps…

D'un JE qui devient NOUS l'avatar est troublant
Entre clone et miroir reflet en soi de l'autre
Le contour se défait tout en se rassemblant
A la fois se dérobe à la fois se fait nôtre

C'est une même foule où chacun par instinct
Va vivre à sa manière un peu de son histoire
Des souffles accolés respirant le matin
Sans trop s'arraisonner le croire est dérisoire

Le peuple des vivants se reconnait ainsi
Sur sa propre frontière et tout à son costume
Ce n'est pas un décalque il est comme étréci
Le JE n'est que lui-même et c'est sans amertume

Mais dans l'écho d'un JE soudain germe le NOUS
Et l'on se reconnait dans celui qui s'anime
La même humanité serait-elle à genoux
Devant une hypothèse où chacun fait son mime

Car c'est bien dans l'épreuve un sentiment nouveau
Quand bien plus qu'à côté la multitude est Une
Torsades colorées insolite écheveau
N'est-ce qu'un accident qu'une sombre infortune…

Le sceau de la lumière...

Une porte qui claque ou doucement se ferme
C'est toujours un arrêt rupture entre deux temps
Rupture entre deux lieux le jour arrive à terme
Et le mur s'approprie aussitôt les battants

Entre deux sentiments ce peut être de même
Plus rien n'est à venir c'est un non-recevoir
La fin d'un horizon rabat son anathème
Tout est barricadé le chez-soi se fait noir

Pour autant la paroi qui cloître le passage
N'est jamais homogène et même condamné
Le seuil d'une trouée est comme un paysage
Sur la surface plane où rien n'est dessiné

Car il est toujours là son empreinte est visible
Une brèche pour l'âme un abri pour l'esprit
La mémoire s'y love et le rend amovible
Quand le rêve s'en mêle et soudain le fleurit

Une porte qui claque ou doucement se ferme
C'est toujours un arrêt rupture entre deux temps
Rupture entre deux lieux mais toute aurore germe
Aux confins d'un vestige et de ses arcboutants...

Inachèvement…

Pour le désir de plaire ou celui de blesser
Souvent nous adoptons un style volontaire
Pour nous standardiser ou bien pour transgresser
De cette intention nous faisons caractère

Serviteurs de l'image on est un peu les seuls
A pouvoir nous trahir et même nous absoudre
De cette forteresse échos de nos linceuls
Qui nous tiennent captifs et qu'on ne sait dissoudre

Mais peut-on nous soustraire au poids de ces regards
Dont on veut s'ajuster ou s'insurger indemnes
Nous en avons parfois tissé tant d'avatars
Que s'en désengager c'est tomber en bohèmes

La liberté choisie est un mot bien chétif
Car la charge d'autrui si tant est qu'elle existe
Est moins alourdissante un couvert créatif
A l'excuse de soi dont le mythe subsiste

Comment s'émanciper de cet être pensant
Qui se soulève en nous souvent à l'aveuglette
Intrinsèque à l'esprit c'est notre inconscient
Qui signe la carence et la vertu s'écrête…

L'hypothétique vérité…

Prendre un mot pour un autre abusés par le rythme
De l'habit phonétique est au fond tout pareil
Que bien d'autres erreurs dans un même algorithme
Où toujours l'on enfile un mirage en sommeil

L'illusion du sens qui se calque au contexte
Pour décider de quoi nous semblons converser
Serait-elle au final un bien pauvre prétexte
Pour masquer l'imposture au silence amorcé

Car il en est de tout ce qui nous fait semblance
Quiproquo du vivant s'accrochant à ses choix
Au reflet de l'idée ou bien de l'apparence
Quand il donne le change à ses secrets émois

Sculpté sur un serment le réel est intrigue
Qu'il nous faut dénouer à travers ses doublons
De fugaces échos que la parole irrigue
Pour entonner l'aubade au milieu des flonflons…

Etourdissement…

Dans les lacis du temps la ligne se balance
Jouant de mon vertige et de ma déraison
En projetant des flashs éclats d'invraisemblance
Le soir est insalubre et l'aube en floraison

Tout viendrait du désir et de l'imaginaire
C'est là le contresens d'une vie en huis clos
Un soleil généreux déglace l'éphémère
Réel et virtuel sur un décor éclos

Le mobile est dément voire surréaliste
Une faille insensible au vide rougissant
Dans l'ombre du mensonge un ange idéaliste
Troublant de ressemblance expire en frémissant…

Marqué par le sceau de la vie...

L'humour est une foi pour ces quelques fidèles
Qui s'espèrent en lui serment libérateur
Quand le peuple en errance au seuil de ses chapelles
Entrevoit sa lumière et son ciel créateur

La Parole est donnée on est libre d'y croire
Et surtout de l'aimer dans l'écho chuchoté
Comme une confidence au creux d'une mémoire
Qui fut présente ou non quand le coq a chanté

Tout est dans le stigmate et donné par la vie
Image d'un non-dit miroir un peu brouillé
D'un sentiment blotti que le trauma convie
Ou reflet d'innocence à l'éclat dépouillé

C'est la réminiscence au final qui domine
La subjectivité l'histoire de chacun
Vers quel verbe commun notre esprit s'achemine
Quand la joie est aussi quelque chose ou quelqu'un...

Préparer demain…

Le monde dans lequel je croyais devenir
Déjà n'existe plus n'était-il qu'un fantasme
Qu'un semblant de savoir que je croyais tenir
C'est le ressentiment d'un étonnant sarcasme

Une métamorphose en forme de soufflet
C'est ce que nous vivons d'un coup sans un exorde
Nous devons tout changer c'est bien là le reflet
D'une réalité que l'urgence saborde

La façon de penser celle de travailler
Ce sont d'autres temps et de nouveaux repères
A peine habitués il faut débroussailler
Déjà les jours d'après que nous voulons prospères

Mettre en scène un futur qui ne sera celui
Pour lequel nous avions légitimé l'ouvrage
C'est bien là le défi que le chaos traduit
Au final un enjeu qui ne fait pas barrage

Il suffit de penser à l'éducation
Que tout être reçoit n'en est-il pas de même*
Au regard du progrès toute formation
Serait rétroactive à l'insu du système

Le monde dans lequel je croyais devenir
Déjà n'existe plus n'était-il qu'un fantasme
Fausse-couche d'un but avant son souvenir
Engendrer l'inconnu serait-ce un pléonasme…

(*Nous préparons 85% de nos élèves à des métiers qui n'existent pas encore)

Scintillation…

Il est juste un poème il est toute une histoire
C'est le versant visible où les mots vont rimer
Pour la cristalliser plus loin que la mémoire
Vers une éternité qu'on ne peut arrimer

Et bien peu le sauront en découvrant ses strophes
Qui limitent l'espace au rang d'une clarté
Intrinsèque au vivant les causes limitrophes
Etant plus accomplies qu'un fragile aparté

Ce qui lui survivra qu'importe sa semblance
Le monde est fait ainsi d'un Tout inapparent
Le fait n'est qu'un prétexte et non sa quintessence
Mais il prend part à l'œuvre en le rendant vibrant

L'entour est éphémère et l'écho se dénoue
Dans une destinée échappant au vouloir
S'il est juste une histoire où la raison s'échoue
Il est tout un poème au clair de son miroir…

Un unique almanach....

Il est de ces moments dans la chronologie
D'une histoire de vie où le temps n'a plus cours
Du moins dans sa rigueur et la raison plagie
L'âge de la mémoire en calquant son discours

Ainsi l'on peut cueillir sur une éphéméride
Une fleur éternelle au pétale fripé
Seul son évènement lui cause cette ride
Car on sent ce parfum que rien n'a dissipé

Mais sur d'autres feuillets c'est juste une anecdote
Matriculée ici du coup son rendez-vous
Est très mathématique et le calcul radote
Un mois c'est trente jours les oublis sont absouts

Ce sont des jubilés des mots évocatoires
Qui là vont amener un décompte des ans
Et l'affect égaré dans tous ses purgatoires
Va remettre à niveau les repères gisants

Il est si déroutant dans la réminiscence
D'épeler le passé voire de l'agencer
Non pas dans son écho mais dans sa cohérence
Avec le déroulé d'un cycle séquencé

Car c'est souvent qu'un fait datant de cinq années
Semblant presque d'hier est pour le sentiment
Grandement plus récent sur ses pages clonées
Qu'un autre remontant de dix mois seulement

Qu'est-ce donc que le temps en espace de vie
L'essence du destin dans son intimité
Demeure insaisissable et l'aube inassouvie
Confie au souvenir sa sensibilité…

Retombée d'adrénaline...

Un peu comme une peur de ne pas savoir faire
De ne pas savoir vivre un état anxieux
Lorsque dans l'imprévu la fonction confère
Une charge ignorée un poids silencieux

On découvre son rôle aussi sa solitude
Quand il faut piloter unique maître à bord
En soutenant chacun malgré l'inquiétude
De n'être que fragile au cœur d'un enjeu fort

Se montrer responsable est une compétence
Qui brusquement condamne à vivre cet exil
Sans accompagnateur ni faveur qui compense
L'épreuve d'un statut comme un nouveau profil

Mais malgré cette crainte il faut être efficace
Et sembler rassurant on se découvre aussi
Sous un autre éclairage avec bien plus d'audace
Que celle d'habitude et le ciel s'éclaircit

Au final tout arrive et c'est ce qui demande
De dominer la peur de ne pas parvenir
A faire face au jour qui rend la lutte grande
Composer en soliste et devoir s'y tenir

Et quand dans un retour on nous dit sans manière
Avoir bien réussi dans cette mission
C'est une récompense une paix nourricière
Il faut l'apprécier et sans prétention

Le travail accompli c'est une plénitude
Qui passe aussi parfois par le dépassement
Savoir se reposer avec la certitude
D'avoir aussi grandi dans l'étonnant tourment...

Se donner la chance…

La vie est si fragile et le temps si fugace
Serait-ce une défaite ou même un désaveu
Comme une longue excuse où l'être se prélasse
Pour ne pas exister au-delà d'un grand vœu

La raison de l'ennui sacre l'évanescence
Et l'éphémère absout notre inhabileté
A nous saisir vivants c'est là sa vraisemblance
La clarté du prétexte et sa légèreté

Profiter du présent car il serait dommage
Qu'il se passe sans nous la raison s'attablant
A l'aboutissement d'un matin de passage
C'est empocher la note et manger son pain blanc

Mais consentir au jour et se donner la chance
De compter à ses yeux serait-ce l'insensé
Qui nous est destiné le serment d'une errance
Lorsque dans l'alibi tout semble romancé…

Enfoui dans la pléthore...

Sur la toile des vues de toutes les couleurs
Des photos des instants c'est dans l'exubérance
Et la profusion des rires et des pleurs
Que le regard oublie un peu de transparence

Car dans la multitude on peut minimiser
La beauté du frisson la saveur de l'ivresse
Que raconte l'image un goût banalisé
Voire même soustrait au seuil de l'allégresse

Mais le temps du cliché pour celui qui le vit
Fut parfois si fervent qu'il ne faut le confondre
Avec tant de semblants où le choix asservi
A son foisonnement ne peut que le morfondre

***

Au hasard d'une page un sentiment si pur
Avec soin fait écho je dépose une larme
En son seul souvenir le passage d'un mur
L'invisible au-delà qui soudain me désarme

Dans un moment d'amour qui n'était pas pour moi
C'est tout un chapelet de reflets qui s'égrène
Est-ce un pèlerinage ou bien juste un convoi
Des fleurs d'humanité quand la tendresse est reine...

Parmi les autres…

Sept à huit milliards de terriens aujourd'hui
A l'échelle de « moi » c'est juste sans mesure
C'est soit le monde est grand ce comptage l'induit
C'est soit je suis infime et ce nombre l'augure

Car pour me recenser un seul chiffre suffit
On en aligne dix pour égrener les autres
Si tant est que l'on puisse illustrer ce défi
Par la traduction de calculs qui soient nôtres

L'effectif est changeant naissances et décès
Aiment s'entrecroiser alors on évalue
Les présents à la louche et l'on a juste accès
Au total approchant sans la rigueur voulue

Et ce sont les vivants à cet instant précis
Car beaucoup plus nombreux coexistent les êtres
Au sein d'une mémoire et même dessaisis
Du souvenir tangible il est tous ces ancêtres

On dit communément que les doigts de la main
Suffisent pour marquer le cercle de nos proches
Sans n'en voir que si peu combien sur mon chemin
Que ces unicités ne soient pas des reproches

Je me demande là si ce tout petit corps
Signe mon impuissance à chérir davantage
Mais vite je m'acquitte en prétextant alors
Que la sincérité n'est pas batifolage

…/…

Sans doute un bout des deux réduit mon univers
Mes amis ma famille au sein d'une nuée
Même s'ils sont si peu dans des calculs divers
C'est bien chacun tout seul qui fait ma destinée

Vivre ne rime pas avec de l'à peu près
Sur ces sept milliards et demi d'éphémères
A la lueur du jour à l'ombre des cyprès
Quelle réalité pour ces foules chimères

Un de plus Un de moins ça ne fait pas zéro
Ni même un environ c'est le propre de l'Homme
Que d'être au singulier l'unique numéro
Pourquoi Toi pourquoi moi l'un pour l'autre on se nomme…

« Je ne suis pour toi qu'un renard semblable à cent mille renards. Mais, si tu m'apprivoises, nous aurons besoin l'un de l'autre. Tu seras pour moi unique au monde. Je serai pour toi unique au monde… »
Le Petit Prince, chapitre XXI, A. de Saint Exupéry.

La grâce originelle...

L'enfant qui s'enquiert... le plafond des nuages
Comme le toit du ciel tout est en examen
Et puis dans ce mystère au bout de quels voyages
Quelqu'un posa la lune est-ce en un tournemain

A la fois spectateur à la fois philosophe
Une épreuve vitale un Dieu des univers
L'origine de l'homme et quelle catastrophe
Pour attester le mal est-ce une œuvre à l'envers

C'est l'émerveillement sans aucun anathème
Du petit chérubin qui s'applique à mourir
En découvrant le monde et les mots d'un « je t'aime »
Qui sont ceux d'un savoir et qui vont le nourrir

Les années vont passer viendra l'auto-censure
Qui va le séquestrer dans le mal d'un pays
Où tout était limpide et soignant sa blessure
Il apprend à se taire et mure ses abris

C'est ainsi qu'il oublie et feint une innocence
Qui n'est que tamisée il réfute la mort
Il réfute le sens préférant le silence
Pour méditer la fable où le souffle s'endort

Et je suis de ceux-là forte de mes idées
Un idéal de vie à distance du vrai
Entre le monde et moi il est de ces ondées
Qui submergent l'écho d'un démenti secret

Serait-il encore temps de rétablir l'aurore
Le seuil de la lumière pour éveiller l'esprit
J'aimerais m'éprouver et m'innover encore
Dans ce regard nouveau celui du premier cri...

Quand le maître s'efface...

Ressentir un poème aimer une œuvre d'art
Ou se laisser porter par un peu de musique
C'est se savoir vivant c'est plonger son regard
Au sein d'un sentiment d'un partage authentique

Car seuls les cœurs en vie éprouvent le frisson
Il est ainsi ce trouble indistinct de la sève
Qui nourrit le présent il serait déraison
De prétendre l'inverse et le débat s'achève

Mais l'artiste qui donne à vivre cet émoi
Est-il encore là qui même s'en soucie
Son âme nous est proche et ce que l'on reçoit
Tellement hors du temps que la nue est saisie

C'est cela l'éternel un don comme accompli
Qui n'aura pas de deuil et pour qui l'existence
N'est pas un argument c'est l'intime repli
Le maître qui s'efface et l'Opus qui commence...

Sur un socle mouvant…

Tous on doit se construire échafauder son « soi »
Pour ne pas démâter l'ossature vitale
De notre identité tous on doit faire foi
D'un principe premier d'une sève mentale

Je crois que l'on se forge ainsi comme un plastron
Ou comme un alibi pour ne pas sembler autre
C'est aussi notre force un atout voire un don
Sur lesquels on s'appuie un bien qui serait nôtre

En chercher l'origine est un sujet obscur
Entre tout l'inhérent puis la propre appétence
A s'accomplir ainsi rien n'est aussi peu sûr
L'édifice est complexe et l'être en dépendance

Ce qui compte au final c'est bien là de savoir
Sur quoi se structurer nos ressources réelles
Qui font notre richesse on a tous un avoir
Une faveur reçue et des soifs informelles

***

Mais c'est ainsi qu'un jour nait la fragilité
Car tout corps de doctrine a ses propres limites
A force de compter sur une qualité
Tous nos fondamentaux ne sont que stalagmites

Il suffit d'un hasard il suffit d'un accroc
Ou d'un vrai cataclysme et tout notre système
Va se désintégrer plus de Je ni d'égo
Ce qui nous rendait forts n'est plus qu'un anathème

A l'épreuve du vent le souffle est si chétif
L'armature est précaire et surtout destructible
Que me faut-il entendre un murmure plaintif
Et mon évanescence est ici perceptible…

Entre les blancs du temps…

Un mot dans mon histoire errant dans le passé
S'est vêtu de noblesse à l'insu du silence
Qui m'enrobe aujourd'hui pour venir m'enlacer
De sa tendre musique et j'entre dans sa danse

Un mot comme un secret ravivant la chaleur
D'un souvenir chéri qui revient en sourdine
Une paix qui demeure un soupçon de bonheur
Quand s'éveille l'accord d'une note anodine

Car il n'est de repos plus véritable et pur
Que cette intimité la vie a beau se fendre
En multiples fragments il n'en est pas moins sûr
Qu'elle sait me bercer dans l'écho le plus tendre

Car son onde si brève exhale d'autres chants
Avec de doux soupirs coulant entre les notes
Naît la félicité sous les soleils couchants
Et le souffle nouveau libère mes menottes

Un mot même petit que l'amour a marqué
De son humble vaillance et c'est la transparence
D'un décor ordinaire en cachette floqué
Qui ravive la joie et berce l'espérance

Un mot dans mon histoire errant dans le passé
S'est vêtu de noblesse à l'insu du silence
Qui même sait vraiment qu'il vient me caresser
Blotti dans ma mémoire il est ma confidence…

Retour vers l'origine...

Sans peine ostentatoire en sa sourde complainte
Tout être porte en lui la mort de ses aïeuls
Un hymne impénétrable une secrète empreinte
Au tréfonds de la chair invoquent les linceuls

Car il n'est de douleur à ce point tant intime
Que celle qui jaillit quand les parents s'en vont
Le père ou bien la mère un chagrin légitime
Un tel arrachement c'est un mal si profond

Que l'âge se traverse avec d'autres offenses
Des moments douloureux mais surtout des bonheurs
Et d'intenses bienfaits servant les espérances
Demeureront toujours ces instants fondateurs

Dans une dignité dont le temps fera preuve
Les larmes sont cachées au regard du vivant
C'est dans la solitude un passé qui s'abreuve
Lorsque juste un écho se révèle émouvant

***

C'est à chacun son tour on sait que la camarde
Reviendra pour nous prendre et laissant notre enfant
Saisir cette douleur l'origine est bavarde
Mourons-nous au berceau le cœur tout frémissant...

Dans un reflux lunaire…

C'est dans un descriptif que l'on croit linéaire
Que le temps se raconte une aurore un coucher
On vit de la naissance à l'âge cinéraire
C'est la conformité d'un passage fléché

Est-il un faux-fuyant à cette destinée
Un rêve une mémoire on se croit d'exister
Dans un itinéraire où la fleur butinée
Conduit à travers champs un parcours assisté

L'espace nous l'enseigne au détriment de l'âge
L'amplitude au compteur diffère du réel
Lorsque d'un point à l'autre il n'est un seul virage
Quel serait le repaire abritant l'idéel

Quand l'amour s'apparente au dessin d'une courbe
La sensualité se lie à l'Infini
Que nous faut-il saisir d'une évidence fourbe
Si vivre à vol d'oiseau n'est qu'un leurre impuni…

Dans un aveu de gratitude…

On ne sait pas toujours ce que l'on doit aux autres
Tellement l'accordance entrelace les cœurs
Des lendemains soufflés qui tout doux se font nôtres
C'est l'arcane oublié des intimes marqueurs

Et lorsqu'on met en œuvre une idée insolite
C'est souvent que l'on croit en être l'inventeur
L'écho si près de soi bel et bien cohabite
Au point de se soustraire à la raison d'auteur

Ce n'est pas un pillage et même la mémoire
Ignore son ferment des concepts sont offerts
Des désirs des humeurs le temps c'est ce grimoire
Où s'inscrit l'avant-goût d'inconscients transferts

Ainsi l'on s'assortit d'un grand nombre d'ébauches
Et l'on donne naissance à l'ouvrage enfanté
Par nos alter égos nos vanités sont gauches
D'où nous vient ce miracle apte à nous enchanter

***

Le rêve du vivant descendant d'une empreinte
Embrase l'impossible et j'aime imaginer
Au sein d'une promesse une si douce étreinte
Faisant poindre un matin jamais abandonné…

Délivrance…

Comme si l'on marchait sur du cristal saillant
La beauté du chemin séduit l'âme en balade
Et l'on va s'enivrer de l'éclat scintillant
De ce présent si pur d'une même embrassade

Pourquoi s'en dérober tant qu'il nous est intact
C'est aussi la vertu de sa magnificence
Que révéler la joie avec autant de tact
Sa grâce est le crédo de notre évanescence

Car tels des mendiants dépouillés d'éternel
Nous sommes les pieds nus sur ces effets de verre
Une écharde parfois tel un coup d'opinel
Nous blesse en pleine course et le mal est sévère

On sait qu'il ne suffit d'ôter le bout de bris
Et reprendre la route une douleur perdure
Le strass est défloré les cieux sont assombris
Rien ne rendra jamais notre candeur si sûre

Mais pour autant la vie est bien cette splendeur
Elle n'a rien perdu de sa luminescence
Le chaos inhérent à notre pesanteur
Signe notre nature et non sa propre essence

C'est le talent du Rêve élevé sur le roc
La beauté du chemin séduit l'âme en balade
Pourquoi s'en dérober d'un impossible troc
Il est cet Absolu pour l'être en embuscade…

Fragile acuité...

Dénouer quelque chose au coeur d'un grand désordre
C'est toujours un problème une difficulté
Abstraire de l'objet plusieurs fois le distordre
Un réel à tramer qui demeure occulté

L'imagination comme la patience
Sans doute des vertus requises pour percer
Le détour d'une attache et d'une autre alliance
Nous révélant la clé d'un futur amorcé

Et l'on comprend après comme autant de repères
Ce que mettait en scène un abord décousu
L'armature d'un tout abrite les mystères
D'une raison soustraite à l'effet de visu

Le mental c'est pareil dénouer quelque chose
Au cœur d'un grand chaos d'une confusion
C'est toujours une épreuve une métamorphose
Qui dissout l'alibi d'une réclusion...

La vie hors-sol…

Dans la diversité de toutes ressemblances
Les critères sont rois pour sauver la rumeur
Bien-pensants bien-portants nourrissent les romances
D'échos inquisiteurs circonvenant l'humeur

C'est ainsi que l'écart entre deux ordinaires
Détermine la gêne et l'incommodité
A devenir soi-même et les imaginaires
Etoffent les cachots de l'animosité

Des ensembles de traits ainsi se superposent
Au corps plus véritable et le silence agit
Pour vivre dans cet ordre en empruntant la pose
Qui participe au mieux au profil assagi

C'est un peu ce miroir que l'on retient pour l'autre
Dans lequel on dénoue une banalité
Pour l'identifier tel un fidèle apôtre
Adepte assujetti d'une normalité

***

Mais il est des destins qui ne peuvent absoudre
Le poids de ce précepte un dehors mutilé
Un réel contrefait que l'on ne peut recoudre
Bien plus qu'un racontar c'est un cri compilé

Et plus jamais alors on ne saura décrire
La personne autrement que par l'altérité
D'une image tronquée une obsédante mire
Comme un seul argument pour dire l'entité

…/…

Le handicap est tel que l'image est figée
Un postulat troublant puisqu'il n'est de vernis
Pour travestir le fait vérité corrigée
Ou bien mirage inculte ou les deux réunis…

Qualités ou défauts ?...

A chacun des défauts il est des qualités
Tout est à double face une disconvenance
Inhérente à l'humain dans des réalités
Qui mènent son mental vers sa codominance

Ainsi le nonchalant n'est-il pas réfléchi
Tout comme l'impulsif est plutôt efficace
Tout est dans le regard qui parfois affranchit
Qui parfois asservit un sens commun tenace

Et pourquoi ne pas faire un principe vital
De cet ordre inversé discernant dans le manque
L'atout compensateur l'avantage est fœtal
Mais pourrait bien s'accroître extirpé de sa planque

C'est une mise à jour à faire par l'esprit
Qui ressent aisément la faiblesse qui gronde
Bien mieux que son versant qui pourtant définit
Autrement cette faille et la rendrait féconde…

Loin des énergivores…

L'humain se plaint beaucoup racontant ses problèmes
Qui n'en sont pas vraiment faut-il toujours gémir
Pour se sentir vivant comme si les emblèmes
De chaque heure qui passe étaient de ce soupir

Quand jamais rien ne va la spirale est en route
Et l'esprit se condamne à ne pas aller bien
C'est l'effet subversif de celui qui s'écoute
Il faut savoir s'enfuir de ce mal quotidien

Ce n'est pas égoïste et même charitable
Le besoin de partir est aussi fort pour soi
Que celui de rester pour celui qui s'accable
Se sentir étranger n'est pas un bon émoi

C'est ainsi que la vie enseigne des dilemmes
Apprendre à s'éloigner et pour se protéger
Sans gêne et sans remords rompre les anathèmes
Qui nous tiennent de force en négativité

***

Parmi les options qu'accorde l'existence
Celle de s'affranchir de rapports discordants
Est en soi la première un chemin de croissance
Qui conduit au bonheur des entours fécondants…

De ce qui précède ou de ce qui succède…

Depuis l'antiquité l'on a voulu fixer
Quelques récits de vie un peu de ces modèles
Choisis pour éclairer une société
Aussi pour enseigner l'éthique à ses fidèles

Aujourd'hui les rayons de ce type d'écrit
Prolifèrent partout parfois protagonistes
Mais parfois chroniqueurs les auteurs ont transcrit
Des souvenirs réels comme de vrais biblistes

Le principe est posé pour celui qui la lit
Car l'histoire précède et le livre raconte
Il découvre l'intrigue et le fait accompli
N'a là plus d'avenir c'est le passé qui compte

Mais qui sait pour l'auteur où vit la vérité
Est-elle bien avant comme l'on pourrait croire
Où lui succède-t-elle une maturité
Qui va naître de l'œuvre et de cette mémoire

***

Et j'aime imaginer que le poète est là
Tout autant pour semer dans l'encre lunatique
De tout ce qui l'inspire un authentique éclat
Comme un souffle-levain au futur mosaïque…

Quand on aime à jamais….

Une escale un passage il est de ces images
Qui fécondent la vie habillant d'un crédo
La flagrance du temps d'attendrissants hommages
Donnés au souvenir au cours decrescendo

Et c'est la différence entre la retenue
Et le silence froid qui ferme à double tour
Le cercueil de la mort une pudeur venue
D'une fidélité qui vibre au contrejour

Les heures les années prennent un autre rythme
Quand bien même l'espace est comme désempli
Le sentiment façonne un intime algorithme
Ajustant l'éternel au sort inaccompli

Sa musicalité attise l'espérance
D'une rive accostable où repose l'hier
On ne peut se résoudre à cette irrévérence
Que serait l'abandon que le néant requiert

Parole ou bien prétexte il est de ces images
Qui fécondent la vie habillant d'un crédo
Le sens de l'existence au cœur de ces voyages
Qui s'achèvent un jour vers quel eldorado…

La nature de la réalité…

Un fait inattendu comme une fantaisie
Au cœur d'un ordinaire agite le mental
L'improvisation d'une chance saisie
Ou d'une défaveur est un instant vital

Du hasard d'aujourd'hui que me faut-il apprendre
Une auto-prophétie ou bien qu'un accident
Qu'ai-je bien pu dicter qui saurait me surprendre
Mon prétendu destin n'était-il qu'évident

C'est là ma conscience et peut-être mon blâme
D'avoir tant préparé sans même le prévoir
Cette coïncidence étonnant amalgame
Entre appel et déni d'un futur en miroir

Car de ces options prises dans l'existence
Dépend l'incertitude où nait le lendemain
On se construit ainsi dans un pseudo silence
Qui suggère à l'étoile une intrigue en chemin

Dénouer la pensée au fil de son histoire
Est toujours une épreuve un procédé manqué
Le vivant serait-il un souffle probatoire
Que ma nécessité ne saurait expliquer…

Au soleil de l'âme…

De cet instant troublant où mon cœur te rencontre
Où soudain l'harmonie émerge pour aimer
Que devrais-je en savoir que rien ne me démontre
En chercher les raisons serait-ce l'abimer

C'est l'aveuglant éclat de l'inintelligible
La puissance du choc d'une première fois
Donc de fait sans égal un désordre tangible
Sans saisir l'argument qui me met aux abois

Les sentiments des gens font qu'ils se sentent vivre
Je suis de ce lignage en proie aux chuchotis
D'un gentil coup de charme attendrissant le givre
Qui suspendait mon âme aux matins démentis

Et j'aime ressentir cet aveu volubile
Dans la complicité d'un émoi consentant
Loin de l'entendement l'abandon d'un mobile
M'emporte vers le clair d'un soleil envoûtant…

Un vaste horizon…

C'est un vaste horizon qui s'ébauche au matin
D'une espérance neuve où l'éloquence est reine
Dans un tout est possible un livre clandestin
Balade son prélude et la plume est sereine

Encrée au cœur du monde où l'ouvrage a germé
Elle esquisse le temps qui s'accorde au mirage
La vie est ainsi pleine et jadis refermé
Résorbe le crachin de la mort en sevrage

C'est l'espace du rêve au merveilleux offert
Qui décore le rythme et le désir ricoche
Le reflet du printemps dans l'éclipse d'hier
Revêt le souvenir qui vite s'effiloche

Le soupir de la brume est confidentiel
Pour chaque aube le jour demeure une première
L'ère d'une saison l'intervalle d'un ciel
Chaque enfant de l'espoir marche vers sa lumière…

L'influx du sablier...

Les battements de cœur estampillent le temps
Cadençant sa mesure accordant ses aiguilles
Aux sentiments qui font l'à part soi des instants
Le carillon de l'âme égrène les esquilles

La minute est si longue au regard d'un souci
Tout comme elle n'est rien lorsque tout va tranquille
Qu'une infime durée et pourtant qui suffit
Pour tout bouleverser quand le réel mutile

Soixante soubresauts que l'on ne perçoit pas
Juste par habitude un mouvement réflexe
Malgré nous si vital sans eux c'est le trépas
Par raison par instinct ressentir est complexe

Le coucou se pavane arrogant m'as-tu-vu
Pour donner le signal comme s'il était maître
Mais qu'a-t-il à chanter dont il serait pourvu
N'est-il qu'un balancier qu'un réel à permettre...

Funérailles sauvages...

L'oubli sans malveillance et sans autre mobile
Que l'usure du temps fait le deuil du vivant
Même avant qu'il ne meurt rien n'est indélébile
Et bien des jours passants vont ainsi s'achevant

Car il est de l'instant que d'être provisoire
L'histoire est éphémère un souvenir par-ci
Un souvenir par-là qui devient dérisoire
Jusqu'à s'évaporer chacun chemine ainsi

Il arrive parfois que le hasard parsème
L'image de quelqu'un soudain l'on réfléchit
Est-il encore en vie est-il toujours le même
On l'a drapé d'absence et l'on s'en affranchit

Et c'est un autre jour qu'on apprend d'aventure
Le trépas d'une femme ou d'un homme croisé
Bien des années plus tôt mais le coeur immature
L'avait déjà plongé dans un néant glacé

Un aussi peu d'égard c'est même l'apanage
De ces stars déclassées loin des années succès
On leur a dit adieu la mémoire est volage
Un court entrefilet annonce leur décès

L'oubli sans malveillance et sans autre mobile
Que l'usure du temps fait le deuil du vivant
Une mise au tombeau dans un monde infertile
Où le souffle vital ne serait que du vent...

Un frisson clandestin…

Un trouble qui survient sur une éclaboussure
Ricochet d'un émoi simplement partagé
Qui là se multiplie et soudain transfigure
L'arabesque de l'onde où l'on va voyager

De combien de sanglots de combien de sourires
Sommes-nous les enfants attendris jusqu'au cœur
On se laisse cueillir à l'envers de nos dires
Un murmure de soi quand le verbe est veilleur

Nous sommes si menus dans cet imperceptible
Fragiles à mourir fragiles à chanter
Un petit brin de vent l'écho semble inaudible
Un frisson clandestin qui vient nous transporter

Ainsi le sentiment s'éveille pour s'accroitre
Lorsqu'il touche en osmose un souffle alter ego
Et l'amour est si pur délié de son cloître
Quand il nous appartient de lever l'embargo…

Impacts en multitude…

C'est l'enfant qui sourit parce qu'il est heureux
Il partage sa joie et c'est tous ceux qui l'aiment
Qui vont sentir monter tout ce plaisir en eux
Quelle qu'en soit la cause elle est ce diadème

Car chacun s'enrichit du moment de douceur
Aussi simple soit-il que quelqu'un lui procure
Un geste de bonté qui prend de la hauteur
En se multipliant c'est là sa démesure

De la même manière on ressent le chagrin
D'un cœur qui nous émeut quand il verse une larme
On prend là sa douleur le mal est souverain
Pour nous endolorir ensemble il nous désarme

De tous ces petits riens ou des évènements
Qui bouleversent tant l'existence des proches
Il est ces soubresauts ces retentissements
Qui s'étendent nombreux sous diverses approches

…

Et la mort c'est pareil quand elle vient ravir
Elle n'emporte pas qu'un seul être avec elle
Mais tous ceux qui l'aimaient qui vont l'ensevelir
S'éloignent du vivant dans la même étincelle…

L'impossible consentement...

De ces instants marquants qui toujours nous habitent
Ces moments capitaux qui chamboulèrent tout
Souvent nous en gardons une image insolite
Comme un flash dissonant au mobile un peu fou

C'est quand le temps se fige au tournant d'une histoire
Que le regard sans doute enserré dans sa peur
Peut-être son déni va clouer sa mémoire
Sur un objet précis un mot voire une odeur

Et la plupart du temps c'est un détail futile
Qui prendra cette place intime ambassadeur
A jamais pénétré par le souffle indocile
De la réminiscence au caprice trompeur

Il suffira toujours sans ligne directrice
D'un simple face à face et dans un ouragan
Qu'aucun autre ne voit les souvenirs surgissent
C'est souvent pour le cœur un supplice arrogant

...

Dans un transfert d'image assignant l'innommable
A devoir témoigner de sa réalité
De combien d'alibis notre être est-il capable
Pour s'abstraire du vide où git sa vérité...

Hier sera-t-il éternel...

Rappeler le passé faire mention de
Est-ce faire mémoire un album souvenir
Qu'on feuillette au présent simplement parce que
L'image est immobile on peut la retenir

Et des soirées meublées à raconter l'histoire
Que l'on connait déjà juste pour évoquer
Une ère qui n'est plus n'est-ce pas qu'un pourboire
Offert au sens moral que l'on veut contenter

Car ainsi l'on se dit que jamais on n'oublie
La commémoraison disculpe du remords
A ne savoir cueillir un supplément de vie
Dans ce qui n'a plus cours quand les temps sont bien morts

C'est le culte rendu quel que soit le cénacle
Le devoir de rappel qui souvent nous absout
Du néant de l'absence occultant la débâcle
D'un for intérieur qui suinte de partout

Mais malmener la foi de celui qui s'y donne
C'est toujours une injure on a tous nos autels
Pour servir le serment l'amour en tout pardonne
Notre inexpérience à nous savoir mortels

...

Rappeler le passé peut-être plus encore
Lui donner existence au cœur du devenir
Etre ce survivant est-ce notre oxymore
Si renait l'espérance au-delà du soupir...

Sous un ciel délateur...

C'est un coup de chaleur et l'on marche à la fraîche
Blâmant l'astre du jour qui dessèche l'aplomb
D'un désir chancelant si proche de la brèche
Où le tourment voilé lui fait souvent doublon

On le croit bienveillant lorsque la vie enchante
Fait pour nous mignoter sous un riant azur
Mais à l'envers du monde où la mort est constante
Il brime l'espérance et l'allant d'un cœur pur

C'est le mal d'un vieillard l'épreuve d'un malade
Que la lumière exclut du monde des vivants
Un démenti total derrière la barricade
Où se presse le flux des derniers arrivants

L'habitant parallèle à deux pas du voyage
Ressent-il la brûlure implacable du sort
Le rempart fait écran son bonheur prend ancrage
Sur l'image d'un sol au pied d'un vain trésor

C'est un coup de chaleur et je marche à la fraîche
Blâmant l'astre du jour qui flatte le réel
Sa promesse est parjure et le souvenir prêche
Qu'il n'est de vrai soleil loin de cet idéel...

Au fil du temps…

Tant de nombreux « jamais » que l'on a prononcés
Avec cette arrogance au-delà de la cause
Nous sommes si certains des serments annoncés
Que nous les engageons sans réserve de clause

Jamais nous ne ferons telle ou telle action
Jamais on nous verra sur telle ou telle place
Des jamais à foison dans une diction
Qui prône l'assurance et sans perdre la face

Et « toujours » c'est pareil promesses en excès
Sans douter un instant du moindre grain de sable
Nous sommes si précis ce n'est pas un procès
Juste une certitude un contraire impensable

Et puis la vie innove un abandon par ci
Un échange par là quand tout se modifie
Plus rien n'est si formel on est à la merci
D'un peu moins d'évidence et le choix nous défie

On revient sur nos mots finalement l'on fait
Ce que nous réfutions avant de le comprendre
Le « jamais » va dire oui puis dans un même effet
Le « toujours » va finir on ne peut le suspendre

Ce n'est pas un échec c'est même plutôt bien
Que de se découvrir infidèle éphémère
En proie aux flottements qui nous disent combien
Notre accomplissement n'est que vaine chimère

Pour quelle passion sur les cendres du temps
Nous saurions transmuer l'origine de l'âme
Vers la vocation de nos derniers instants
L'essence du vivant que le destin desquame…

Double peine...

Parfois dès le départ ou très tôt dans la vie
Les bagages sont lourds il faut déjà partir
Avec un handicap la colline gravie
Au cœur de la surcharge oblige à ralentir

Qui saura demeurer près de l'enfant fragile
S'aligner à son rythme alors que tout autour
On prône la vitesse et le rapport fertile
Entre force et victoire un gage sans retour

Il portera son fret d'autant plus à grand-peine
Qu'il peut être secret c'est chacun ses fardeaux
La plaie indiscernable est parfois plus malsaine
Ignorant bien souvent qu'il en a plein le dos

L'image du bonheur et celle de la gagne
Dessinées par les grands qui disent « être là »
L'enfoncent dans l'abîme et le mât de cocagne
Appâte seulement mais n'est rien que cela

Quand le tout jeune esprit doit forger ses possibles
Loin des soleils bénis c'est bien l'humanité
Qui le met à l'écart des bleus irréversibles
Qui blessent davantage un futur alité...

Improbable rencontre...

Déposant un instant mon regard sur le seuil
De cette immensité sur laquelle j'existe
C'est un profond vertige et voire même un deuil
De me saisir esquille un fragment qui subsiste

Infime particule en proie à l'incident
Qui fait que je suis là circonstance d'une onde
Une brève minute un hasard évident
Dans un carré d'espace un petit bout du monde

Et je pense au « tout temps » de cette humanité
Ces gens qui par exemple au coeur du moyen âge
Foulaient ce même sol qu'ont-ils pu convoiter
Dans un rapprochement qu'avons-nous en partage

Et je pense au « tout lieu » de ce grand univers
Ces gens qui par exemple au cœur d'une autre ethnie
Vivent aussi notre ère ont-ils les cieux ouverts
Sur les mêmes désirs quelle est notre harmonie

Et si donc j'imagine en « tous lieux » en « tout temps »
Cette foule innombrable à l'égard de ma sphère
Le cortège est abstrait sommes-nous les mutants
D'une même genèse où l'à-coup légifère

***

Quel était le rapport entre époque et rayon
Pour permettre au destin juste notre rencontre
Si proche du zéro l'improbable maillon
D'une chaîne impensable où rien ne se démontre...

Ressouvenance...

Il est tant de démons que toujours l'on combat
Pour mieux s'aimer soi-même ou du moins le paraître
Que leurs sombres reflets rôdent dans le rabat
De ces évènements qui s'efforcent de naître

C'est dans l'anxiété qu'ils aiment émerger
Comme exigeant soudain cette reconnaissance
Dont ils sont dépouillés d'avoir trop voyagé
Au fin fond d'un passé qui mure l'évidence

Cette crainte qui dort au plus profond de soi
Brusquement réveillée au hasard d'une courbe
Soulève sans pitié tout ce qu'elle aperçoit
Que la vie a tassé pour une cause fourbe

Car l'histoire voudrait qu'on puisse l'étouffer
A force d'empiler des hauteurs de charpies
Mais un seul incident suffit pour regreffer
La mémoire endormie aux angoisses tapies

Il arrache d'un coup le suaire inchangé
Dont on a pu draper les souvenirs en cendre
Placés sous la lumière un contraste frangé
D'un réel noir et blanc pourrait-on se méprendre...

Tout au long du chemin…

Tout au long du chemin nous faisons des rencontres
Car la vie au final ce n'est bien que cela
Des rendez-vous divers coups de dés de nos montres
Plus ou moins bien réglées et des choix ici là

Si nous voulions compter le nombre de personnes
Que nous avons croisées durant notre parcours
Ce serait impossible en fonction des donnes
Travail amis famille il est ces carrefours

Mais c'est surtout l'élan qui fait la différence
Le désir de poursuivre où ne pas s'attarder
Sur un lien tout neuf c'est de toute évidence
Que certains vont rester d'autres vont s'en aller

C'est ainsi que parmi toutes nos connaissances
Sont nos proches et ceux qui nous sont plus lointains
Et dans notre mémoire il est des alliances
Comme des coups de vent plus ou moins clandestins

Pourtant chacun chacune est venu pour nous dire
Quelque chose de vrai quel que soit le pourquoi
De notre face à face il nous faut le transcrire
En agrandissement d'un regard trop étroit

Plus ou moins platonique affectif ou pratique
Tout être qui nous touche enrichit notre esprit
Et nous permet surtout même par la critique
De mieux appréhender l'univers où l'on vit

…/…

La raison pour laquelle on est ce que nous sommes
Qui souvent nous échappe on la discerne un peu
Dans ces relations des femmes et des hommes
Qui savent nous guider au plus près de l'aveu

Et tout aussi prégnants les adieux font partie
De ce même chemin ce n'était qu'un moment
Un présent partagé que la nuit pressentie
Va venir effacer d'un instant seulement…

Poésie des origines...

Qu'écrire soit un goût empreint de gratuité
Cela m'est évident car il n'est de mobile
Aussi fondamental pour savoir susciter
Le désir de créer sans rechercher l'utile

Pour autant l'abandon n'est pas oubli de soi
Bien sûr que le poète en tous cas je le pense
Cherche sa nourriture et qu'ainsi la reçoit
Ce qu'il donne et recueille ici fait alliance

Au départ bien souvent c'est dans l'intimité
Qu'il pourrait faire aveu de l'étrange appétence
A vouloir dépasser l'avant-goût tourmenté
D'un soupir sans issue avenir du silence

Qui donc le comprendrait puisqu'il semble exclusif
Une introspection qui naît de l'indicible
Dans le discours oral un jet presqu'effusif
Il entre en poésie et tout devient possible

Au-delà du parler au-delà de nos mots
Qui feraient échouer la pureté du verbe
Qu'a t'il donc pour instruire est-il de ces émaux
Qui n'auraient de reflets sans son œuvre superbe

Parfois cité maudit quel est donc cet appel
Qui lui vient de si loin saurait-il nous traduire
Un peu de vérité dépassant le réel
Saurait-il révéler ce qui demande à luire

.../...

Car l'Ecriture alors s'il est une Beauté
Serait tellement près de toute prophétie
Que pour parler à l'Homme il fallut la créer
Depuis la nuit des temps la Muse balbutie

***

Qu'écrire soit un goût empreint de gratuité
Cela m'est évident car il n'est de mobile
Aussi fondamental mais dans l'obscurité
D'un sens à héberger comment lui rendre asile…

L'art du Kintsugi…

Parce que j'ai besoin de tant de métaphores
Pour mieux appréhender cette complexité
Qui régit ma psyché ses échos insonores
Et ses reflets obscurs j'aime l'humanité
De cet art japonais sublimant les amphores

La tendresse du sage assemblant les débris
D'un contenant cassé brisé par une chute
Voulant réparer ce que la vie a repris
Vient soudain me saisir l'émotion culbute
Image d'un chaos à jamais incompris

C'est bien plus qu'un objet ce « corps » qu'on lui confie
Il panse sa blessure avec un tel respect
La laissant suinter qu'elle se purifie
Dans ce nouvel espace avec cet autre aspect
C'est toute sa beauté qu'alors il magnifie

Je le regarde prendre un peu de poudre d'or
Du vingt-quatre carats car rien n'est trop sublime
Pour transcender la brèche et bien plus qu'un décor
C'est comme une noblesse et l'élégance ultime
De ce geste d'amour rend cet acte si fort

C'est bien la symbolique au cœur de cette aisance
Qui là me trouble tant ce vase disloqué
Choyé puis colmaté n'est-ce qu'une apparence
Peut-on vraiment guérir l'a-t-on juste floqué
Est-ce là tout le sens de la résilience…

Est-il cet Absolu…

Est-il dans la nature un instinct pour le Beau
L'essence du Sublime au sein de l'existence
Que l'on s'accomplirait sans nourrir le tombeau
Sans aucun abandon sans mal en survivance

Douleur de l'Idéal quand il doit s'effacer
Au profit d'une image informe et bosselée
Qui pourtant anoblit pour l'avoir enlacé
Le rêve d'un Salut dans la nuit barbelée

Transfiguration d'un mirage fœtal
Car la perfection si tant est qu'on l'espère
N'aurait pas la blancheur d'un cristal virginal
Forcément éprouvée en sa force contraire

Elle serait experte en maintes malfaçons
La pureté de l'être émanerait de l'âme
Qui la révèlerait en vivant ses raisons
Son inachèvement que l'Absolu proclame…

La face cachée des choses...

Lorsque l'on se nourrit lorsque l'on se détend
Ou bien que l'on s'habille ou bien que l'on conduise
Toujours nous consommons sans y penser pourtant
Le produit d'un travail il faut qu'on se le dise

Il en va d'un objet d'un service donné
Tout ce dont nous usons dans la vie ordinaire
Pour qu'un gadget fonctionne il a fallu trimer
Pour un bien non-marchand c'est presque similaire

Ce que l'on ne voit pas cache bien du surplus
La besogne en amont pour que tout soit à l'heure
Car quand un commerce ouvre aux clients attendus
C'est parce que déjà l'allure fut majeure

Pareil pour une crèche ou pour un restaurant
Pareil pour une école ou pour une clinique
Si tout est en service il fallut bien avant
Que dans l'ombre l'effort soit réel authentique

C'est normal c'est ainsi chaque profession
Ne montre qu'un aspect de ce qu'elle suppose
De ses activités la consommation
Accroit cette apparence et le croire repose

Mais il ne faudrait pas détourner le regard
De l'ouvrage de l'homme alors que l'on profite
De ce qu'il nous fournit tout travail est un art
Celui de se donner pour qu'un autre en hérite...

Emergence…

Lorsqu'un pépin de pomme implanté dans le sol
Fait naître une tigelle et quelques feuilles vertes
On n'en sait pas grand-chose il prend là son envol
Quel arbre sera-t-il les vues sont si dissertes

Ca dépendra d'un tout peut-être que le vent
Le rendra tortueux peut-être la lumière
Fortifiera son tronc c'est la loi du vivant
Soumis aux éléments la nature est première

On ne sait rien de lui la seule vérité
C'est qu'il est un pommier un « être » en émergence
Dans l'ébauche d'un jour une réalité
Qui n'est que son substrat le reste est résurgence

Et qu'en est-il de l'homme un débat refoulé
Quand il est trop risqué de penser l'origine
En s'éprouvant genèse en un ordre éboulé
Tout demeure nouveau l'éclosion fascine…

« Préparer le chemin »...

De l'instant qui se vit quelle en est la genèse
Est-il juste un état par essence premier
Comme un instantané loin de toute anamnèse
Ou l'instinct du présent n'aurait rien du limier

Ou serait-il plutôt comme la délivrance
D'un long cheminement plus ou moins éclairé
Par une conscience agissant dans l'errance
Entre rêve et désirs l'esprit trop affairé

La nature toujours la première créée
Enseignerait à l'homme un sens à tout cela
La fleur qui naît un jour l'hiver l'a préparée
Mais lui présageait-il ce qu'il promettait là

Il en est bien de même au creux de la tendresse
Et je pense bien sûr à l'enfant quand il naît
Sa chambre est déjà prête et l'amour en ivresse
A tellement rêvé du petit blondinet

Mais ce que l'on ne sait vraiment c'est la durée
De ce mûrissement dans le cœur d'un parent
Peut-être dès l'enfance une soif augurée
Par la douceur reçue attendait ce moment

Aussi parce qu'eut lieu l'instant de la Rencontre
Avec cet être unique à qui l'on va s'unir
L'abri de notre couple un mythe qui se montre
Toute histoire d'amour enfante un avenir...

.../...

Bien sûr en à-côté le hasard vient surprendre
Je ne peux concevoir que tout soit en teneur
Dans le fil du destin quand tout vient se distendre
Par de vils accidents sans loi sans géniteur

Mais se dire quand même un peu que tout s'ébauche
Le plus souvent sans bruit on s'ouvre pour demain
Le cœur fait sa toilette et doucement chevauche
Vers son accouchement c'est le sens du chemin

...

Consentir à la mort c'est célébrer la vie
Du moins j'aime le croire en l'aimant toujours plus
En accueillant son œuvre en sublimant l'envie
J'ai tant à lui permettre...elle est ce processus...

N'est-ce qu'une survivance…

C'est quand le temps soudain semble s'être figé
Sur un instant précis que la raison s'agrippe
A chaque point du jour qu'elle voit émerger
Tout au long de sa chute et tout y participe

Le premier battement qui vient nous accorder
Est celui de la Terre authentique cadence
Une Rotation que l'on peut préluder
En semblant d'énoncé comme étant d'évidence

De l'aube au crépuscule et réciproquement
Nous avons conscience et grâce à la lumière
De cet élan vital qui naturellement
Anime tout l'espace et même la matière

Un mouvement rythmé tout autour du soleil
La Révolution c'est comme une bourrasque
Une vitesse extrême ivresse sans pareil
La vie est un tempo le sommeil est fantasque

Vingt-quatre heures plus tard ou même un an plus tard
Une double mesure où l'espace est mobile
L'apparente narcose où le temps corbillard
Semble tout refroidir ne serait que futile

Car vivre c'est aller c'est là son argument
Toujours un aller vers depuis les origines
Que l'être ne maîtrise au point d'assentiment
Les ombres ne sont que des pertes orphelines

…/…

C'est quand le temps soudain semble s'être figé
Sur un instant précis que la raison s'encastre
Dans une turbulence où le voile effrangé
Sur le tombeau du rêve instruit la mort de l'astre…

Complexité du désir...

Dans un rapport au temps souvent paradoxal
On va papillonnant de la crainte à l'attente
Dessiner des tableaux sur l'espace mental
D'un futur chimérique et la cause est troublante

Car ces jours fantasmés qu'on espère si fort
Qu'on aime imaginer pour bercer nos détresses
Seraient de même ceux qui nous causent du tort
Car s'ils s'accomplissaient que seraient nos sagesses

Nous le savons très bien les rêves ne sont là
Que de doux paravents des bulles enivrantes
On aime désirer mais la peur est bien là
Veut-on vraiment risquer autant de déferlantes

Dans un élan de joie où tout parait trop beau
Prêts à franchir le pas d'une autre destinée
Le spectre du chaos son image est lambeau
Vient nous intimider l'âme est chaperonnée

Quand on a toujours su que tel évènement
Allait se révéler c'est souvent un vertige
Qui défait la psyché redoutant le moment
Où désir et regret sont de même voltige

Dans un rapport au temps souvent paradoxal
On va papillonnant de la crainte à l'attente
Dans l'avant-goût de l'aube où le mémorial
Serait comme un prélude à la pensée ardente...

Que pour aimer la vie…

Quand je lis quand j'entends toutes ces infortunes
Vécues pas tant de gens proches ou plus lointains
Ce qu'ils doivent subir au cœur des heures brunes
Ce sont pour mes beaux jours des tourments clandestins

Car l'épreuve d'autrui vers soi souvent ramène
Plus que de l'empathie il est comme un penchant
Peut-être nombriliste à subir dans sa peine
Le renvoi d'un miroir pas toujours aguichant

Dans un « si c'était moi » qui là se fait menace
Ou bien tout simplement dans une humanité
Authentique et sincère un gros nuage passe
Au-dessus de mon ciel sur ma sérénité

Ce n'est pas du mépris ou du moins je l'espère
Que de savoir céder au désir qu'est le mien
De m'échapper un peu vers un air plus prospère
Loin des fatalités d'un destin bohémien

M'absenter un instant que pour aimer la vie
Sans écouter tous ceux qui disent son envers
Même si c'est l'endroit car au fond cette envie
N'abuse pas non plus les oracles couverts

Mais savourer ce charme éteindre les nouvelles
Le temps d'une cavale omettre le réel
Juste cueillir l'instant les blanches caravelles
Et me saisir heureuse un parfum d'idéel…

Vers quel achèvement...

Pour dire un sentiment pour nommer une chose
Désigner un état nous possédons des mots
Héritiers d'une langue une culture éclose
D'une si longue histoire aux multiples rameaux

L'agencement des sons la fusion des lettres
Permet à l'infini du moins s'en rapprochant
D'inventer un vocable au gré des paramètres
Qui vont lui donner corps parfois en ricochant

Et devant s'adapter à cette conjoncture
Qu'est la société bien des termes nouveaux
Vont faire irruption dans la nomenclature
Et vont s'enraciner à différents niveaux

Est-ce un mode parfait que cette multitude
Ces appellations pour bien nous exprimer
Et savoir rendre compte avec exactitude
De toute intention qui vient nous animer

Je suis souvent gênée au détour d'une phrase
Elaborée ou lue avec tous les doublons
Sens 1 sens 2 sens 3 quelle est la bonne base
Pour savoir se comprendre est-il des échelons

Par exemple « *malin* » qui pourrait vouloir dire
Dangereux ou rusé deux définitions
Qui là vont tout changer du meilleur ou du pire
Et c'est la porte ouverte aux déformations

.../...

Plus imparfait encore il est dans ce langage
Un seul titre parfois pour différents degrés
D'un ressenti complexe et souvent l'élagage
Se fait alors de mise ils sont désintégrés

Comment peut-on prétendre « *aimer* » la confiture
Puis ensuite adopter ce verbe singulier
Pour révéler l'amour une caricature
De cette incomplétude au présent familier

« *Merci* » pour un bonbon « *Merci* » pour une écoute
Et « *Merci* » pour la vie un label pour l'affect
Sans aucune nuance et ceci me déroute
Quel est donc ce lexique est-il vraiment select

Des syllabes tissées pour des mots qu'on ignore
Interminables sont ces non-phonétisés
On pourrait c'est dommage en concevoir encore
Tous les arrangements ne sont pas épuisés

***

Mais je préfère croire au charme insaisissable
De la subtilité pour décrypter la voix
Me dire que « plus haut » l'osmose inégalable
Au code réfléchi demeurent nos émois

Même m'imaginer qu'il est dans l'indicible
Un mot jamais conçu qui saurait révéler
Ce que je dois apprendre un verbe indivisible
Et l'existence pour discerner ce parler…

C'est la règle du jeu…

Dans tout un savoir vivre un enjeu social
Il faut savoir céder à tant de retenue
Pour ne pas transparaître un peu trop glacial
De ce penchant hautain que le blâme insinue

Pour les uns c'est facile ils sont faits pour cela
Aimant s'entretenir avec enthousiasme
De ce tout de ce rien parlant de-ci de-là
C'est ce qui fait leur charme et ceci sans sarcasme

Pour d'autres c'est ardu car il faut se forcer
A sembler se complaire au cœur d'une chronique
Avoir l'air avenant savoir même amorcer
Un renchérissement qui ne soit laconique

Les premiers vont penser à propos des seconds
Qu'ils sont fiers et distants qu'ils ne veulent se fondre
Dans leurs banalités qu'ils sont toujours bougons
La litanie est longue et l'estime s'effondre

Mais ceux-là sont d'avis que chacun s'applaudit
Dans un leurre d'écoute où l'histoire contée
N'intéresse vraiment que celui qui la dit
Une grandeur de soi qui n'est pas surmontée

Ce sont ces excédents dans tous les jugements
Qui causent les griefs et bloquent les natures
Ce que l'on interprète et les débordements
De tant de nos concepts font les caricatures

…/…

Le pari collectif n'est pas de simuler
Pour répondre à l'attente émise ou suggérée
Cette règle du jeu qu'il faut assimiler
Mais bien d'autoriser la nuance éclairée

***

Et moi je ne sais pas comment me définir
Bien qu'à la dérobée un portrait me convienne
Trop soumise à l'on-dit je rentre pour finir
Dans le moule attendu sans que je n'intervienne

Dans tout un savoir vivre un enjeu social
Il faut savoir céder à tant de retenue
Pour ne pas transparaître un instinct crucial
S'ajuster à l'entour et n'être qu'inconnue …

Notre seule option…

La mort est un rébus que nos pères nous laissent
Un legs fait au vivant que nous recevons là
Comme une grande énigme et lorsqu'ils disparaissent
Naît la nécessité de « comprendre » cela

Car comment s'accomplir ou comment se construire
Sur un immense point d'interrogation
Il faut bien se donner à défaut de s'instruire
Un argument qui tienne une explication

On recherche d'instinct la cause condamnable
Pour nier tout effet de culpabilité
Emanant de l'amour il n'est pas soutenable
On va blâmer le sort ainsi revisité

Souvent murant le fond de cette finitude
On va se fabriquer un support cérébral
Cogitant des concepts les portant à l'étude
Qui tout à contrecoup maquille le mental

La requête l'explique et la raison l'allègue
Le prétexte est dormant sous un bel alibi
On se doit d'exister et l'indistinct délègue
A l'aube du secret le souffle qu'il subit

Car peut-on s'accomplir ou peut-on se construire
Sur un immense point d'interrogation
Il faut bien préluder et nous laisser séduire
Par l'argument qui prend l'âme en adoption…

L'évidence oubliée…

Vivre l'instant présent dans une plénitude
Qui dépouille la vie au-delà du tourment
Juste une passion que l'ivresse dénude
Sans un sous-entendu sans un gémissement

C'est la clé du bonheur les doctrines le prêchent
Et certains se font fort de nous moraliser
Nous voyant étouffer sur le bord d'une brèche
Dans un sauve qui peut qu'il nous faut tamiser

Bien sûr qu'être existant c'est se faire mémoire
On ne peut s'en blâmer ni même s'excuser
Tout comme il faut savoir partant de cette histoire
Anticiper demain pourquoi s'en accuser

Mais c'est pour tout pareil tout est dans la justesse
Se souvenir sans craindre un âge qui n'est plus
De toujours les regrets engendrent la tristesse
Se projeter sans peur des aléas inclus

« *J'aurais dû faire ça* » fait naître l'amertume
« *Et si ça survenait* » suscite le repli
Vivre l'instant présent quand le jour se consume
C'est le défi majeur d'un temps qui s'accomplit…

Puisque rien ne se fige vraiment…

Dans un présent instable où tout peut se produire
A deux pas d'un futur tellement incertain
La seule vérité que j'ai pour me construire
C'est ce qui s'est passé sans aucun baratin

Ma mémoire est précise et n'a de marche arrière
Pour revivre ou refaire un morceau de mon temps
Il fut ce que je sais parfois une prière
Implore le retour de ses plus beaux instants

De tant de souvenirs qui reviennent sans cesse
Certains sont apaisants d'autres plus offensifs
Des chapitres vécus des faits que je confesse
Des joies et des échecs plus ou moins intrusifs

Et des deuils vont se faire on dira que j'oublie
Heureusement d'ailleurs il faut y concéder
Ne pas tout conserver chaque jour « dé-publie »
Le journal de la veille et va lui succéder

Mon hier serait donc ce ramassis de cendres
Apercevable ou non mais en tous cas bien mort
Inerte inanimé sans les moindres filandres
Pour voltiger dans l'air même pour le décor

C'est bien l'immobilisme au fond irréfutable
Qui définit l'avant ce qui m'était n'est plus
Et tout ce dont je parle à jamais impalpable
Ce sont de mes tombeaux des vestiges perclus

…/…

Pourrais-je pour autant faire une confidence
Sans être misérable en proie à mes dénis
Il est dans l'accompli comme un peu d'existence
Une sorte d'élan des courants pas finis

Des bouts de mon histoire encore plus des êtres
Que je n'arrête pas d'éprouver autrement
De tout ce que j'apprends ces nouveaux paramètres
Mais surtout mon affect toujours en mouvement

Mes souvenirs ainsi bougent et se transforment
Des absences qui sont autres au fil du temps
Et mon passé « devient » tout en étant conforme
A chaque instant qu'il fut quels secrets sont latents

N'est-ce pas là le signe attestant l'évidence
Qu'il est toujours vivant se métamorphosant
Au rythme du destin qui promène la danse
Rien ne serait fini l'éternel éclosant…

A l'épreuve de soi…

Quand la vie est trop speed et que tout se bouscule
On court après le temps pour des nécessités
Qui en fait bien souvent si vraiment l'on calcule
Ne sont que des carcans que l'on a suscités

Des obligations qui nous immobilisent
Pour tant de prétendus nous sommes les garants
Souvent des alibis qui conceptualisent
Toute une inaptitude aux merveilleux offrants

Il est comme un savoir kidnappant l'existence
Celui de résister par un plan déversoir
A l'appel de soi-même et de son évidence
Pour mieux se détacher de son ombre miroir

Pourquoi se plaindre alors quand chercher le passage
Revient à cette fugue espérée en secret
Sommes-nous conscients de ce parjure sage
Un mobile oublié n'est en rien un décret

C'est là tout l'insondable où se perd le dilemme
Est-ce vraiment un choix l'assujettissement
De l'être aux battements du temps qui le blasphème
Ou porte-t-il la croix de l'accomplissement…

Nudité sans fard...

En serions-nous venus à condamner l'aveu
De l'inachèvement que la mélancolie
Puisse être une souillure un mal que l'on supplie
De se dissimuler aussi loin que l'on peut

En serions-nous venus à murmurer le vœu
Que seule l'allégresse est l'émoi qui relie
L'âme à sa vérité que la mort est folie
Et qu'il faut l'oublier car chaque fois il pleut

On ne devrait jamais s'excuser d'une larme
Elle est loin du mensonge et son trouble désarme
Car elle est la douceur de tout ce qu'est l'humain

Un abandon de traine à l'horizon caresse
Quand le chagrin se pose il est cette tendresse
Qui console la vie et nous prend par la main...

<u>Vers sa vocation…</u>

Préparer le meilleur en concevant le pire
C'est le souffle vital de l'accomplissement
Le sage témoignant dans l'attendrissement
Qu'il n'est de nirvana sans un cœur qui soupire

Car l'existence est telle, un instant qui s'étire
Entre un clair un obscur et l'anoblissement
De l'un par l'autre est comme un aboutissement
Qu'il nous faut désirer même s'il nous chavire

Accepter tout ce que la vie aime donner
Sur ses airs de gaieté qu'on aime fredonner
C'est accepter aussi ce qu'elle peut reprendre

Plénitude de l'être au-delà des décors
Transcendant l'alliance il pénètre dès lors
La quête du destin la raison de la cendre…

Mutation du vivant...

Reflet d'un devenir à l'épreuve du temps
Qui traduit autrement les valeurs la morale
Symbole d'une époque aux aspects déroutants
Quand déjà trop âgés l'offensive est frontale

Une image un selfie un symbole expressif
De ces filtres nouveaux qui nous désorganisent
Le défi du vivant serait-il intrusif
Au point de tourmenter la clarté qui l'incise

Car c'est bien le substrat d'un précepte reçu
Qui s'écarte à mesure une origine éthique
S'en trouve interpellée un dogme préconçu
Est-il finalement la vérité mythique

A nos yeux pourquoi pas c'est comme une vertu
Sur laquelle assidus on s'est construit nous-mêmes
Mais l'âge transfigure et l'esprit courbatu
Pour se renouveler tisse d'autres emblèmes

Ce n'est pas un affront de se dire au final
Que notre ère est en berne et que les consciences
Innovent leur histoire un inédit journal
Qui parfois fait les frais de nos impatiences

Car la dépouille est là c'est la mortalité
Qui nous tourne la tête en miroir de la vie
L'instinct d'éternité n'est pas habilité
A cramponner les mœurs un soupir nous convie...

Dysfonctionnement…

Mentir à ceux qu'on aime est bien sûr une faute
Un socle d'évidence un socle de valeurs
Sur lequel on s'appuie et la tête un peu haute
Nous faisons du remords le semblant de nos pleurs

De tant de faux fuyants bien prêts à nous absoudre
Nous sommes les experts en toute bonne foi
Ne pas faire souffrir ou conjurer la foudre
De nombreux alibis flattent le désarroi

Alors nous folâtrons auprès de l'imposture
En lui contant fleurette et nous faisant passer
Pour une âme martyre et sans désinvolture
Puisqu'on y croit soi-même on va se confesser

N'est-ce pas au final se mentir à soi-même
Nier la vérité qui nous colle à la peau
Un capital vertu qui se fait anathème
Et la réalité n'est plus qu'un entrepôt…

En autosubsistance...

C'est vrai que bien souvent l'on aime palabrer
Sur les évènements qui pimentent la vie
Soit pour l'enluminer soit pour l'enténébrer
Le sensationnel sans raison nous convie

De la presse à scandale au petit blablabla
Le fantasme s'abreuve au son de ces nouvelles
Qui viennent émouvoir et parfois au-delà
Jusqu'à nous éprouver de leurs propres séquelles

Et c'est presque un besoin pour se sentir vivant
De tutoyer le trouble émergeant du possible
Lorsque l'imaginaire en plein sable mouvant
Esquisse l'option d'un destin submersible

Alors on veut trembler de joie ou de terreur
S'exalter d'exister selon la circonstance
Qui nous est racontée un écho discoureur
Qui courtise la sève exsudant l'évidence...

Au clair de plume…

De ce que j'ai créé que me resterait-il
A composer encore avec juste une rime
Un ressenti fugace un émoi volatil
Un petit bout de moi que l'avenir périme

Je suis ce qu'il me semble en un fragment de temps
Encore inaccomplie et pourtant si captive
D'une encre primitive où quelques vers flottants
Donnent l'illusion d'une muse adoptive

Mais tout fut déjà dit quelques banalités
Qu'il m'arrive de prendre au détour d'un poème
Pour me croire au plus près de mes affinités
Et grandir en chimère auprès de l'anathème

D'une escorte fictive au reflet d'une fin
Quel est donc l'idéal qui pourtant me convie
A toujours présumer d'une naissance afin
De me réaliser sans me perdre en survie

Mes mots sont bien souvent avenus d'un présent
Qui lui-même est natif de cette destinée
Qui s'enracine en moi l'écriture incisant
L'éphémère couplet d'une œuvre griffonnée

***

De ce qui fut créé que me resterait-il
A composer encore avec juste une rime
L'insaisissable écho d'un instant bissextil
Est-il en plénitude un souffle qui s'imprime…

L'épreuve de l'existant…

Par un chemin secret issu du souvenir
Issu de la mémoire on se sort d'une absence
Mais on n'en guérit pas elle ne peut finir
Sur les reflets du temps qui drapent son silence

Eternelle ecchymose et l'âme se languit
Parfois de son salut désirant désapprendre
L'impossible abandon libérant par l'oubli
Ce qui ne peut laver la noirceur de la cendre

Mais ce n'est pas s'enfuir fuguer vers le néant
Vers l'absurde mensonge un sentiment fragile
De reconstruction dans l'espace béant
D'une plaie accessible est au mur un asile

Par un chemin secret issu du souvenir
Issu de la mémoire on se sort d'une absence
Ainsi l'humanité fidèle en devenir
Se construit dans un pleur promis à l'espérance…

Quelle fin pour soi…, quelle fin pour moi…

Dans une sombre impasse où l'on se sent languir
L'imaginaire est roi pour penser s'en extraire
Dans un projet vital où pour s'épanouir
Il faut se surpasser grandir l'itinéraire

La quête d'idéal est au sein du vivant
Une nécessité pour qu'il se réalise
C'est pour tout un chacun le mobile levant
De ces ambitions que l'exploit finalise

Car c'est la performance étalon du sujet
Qui petit à petit va prendre la férule
De cet imaginaire où le seul vrai projet
Est dans ce toujours plus qui sans fin le stimule

Et ça devient un dogme un culte pour l'esprit
Voire aussi pour le corps que de pouvoir atteindre
L'objectif le plus haut celui souvent écrit
Par un autre que soi c'est cela qu'il faut craindre

Il n'est de management dans l'accomplissement
Ni de sphère publique où conforter sa vie
Une idéologie où l'asservissement
Est oscar imposé ne nourrit pas l'envie

Mais sans cette excellence et loin de son curseur
Comment se transcender se dépasser soi-même
Pour ne pas s'affaiblir dans l'instinct de noirceur
Qui rend le monde hostile et conduit au blasphème

…/…

C'est comme une autre élite à l'échelle de soi
Quitte à faire passer bien avant toute gloire
Ce sentiment de Paix qui demeure l'émoi
De l'amour abouti la plus belle victoire

***

Dans cette sombre impasse où je me sens languir
L'imaginaire est roi pour penser m'en extraire
Mais de quel Absolu saurais-je me nourrir
Pour une vérité qui ne soit pas chimère…

Déjà…

Dans dix ans dans vingt ans si je suis de ce monde
Que sera devenu mon souvenir de toi
Moi j'aurai traversé cette longue distance
Faite d'évènements que j'ignore aujourd'hui
J'aurai changé bien sûr la famille de même
En fait je n'aime pas y penser trop longtemps
Tout peut tellement vite exploser au passage
Je sais ce qu'il en fut de ton sort carnassier

Dans dix ans dans vingt ans si je suis de ce monde
Que sera devenu mon souvenir de nous
La mort nous fait obstacle et s'il est d'évidence
Que rien n'est oublié l'abîme s'introduit
Le temps est destructeur les cailloux que je sème
Ont toujours le brillant des chagrins débutants
Mais un jour nos profils vont partir en voyage
Et que restera-t-il de l'amour nourricier

Dans dix ans dans vingt ans si je suis de ce monde
Que sera devenu mon souvenir de toi
Toi tu seras resté dans cette inexistence
Toujours pas une image et toujours pas un bruit
Ce débris obsédant c'est là mon anathème
Qui m'éloigne de toi par ses vices battants
Comment j'en parlerai serai-je donc plus sage
Ce drame qui me hante est-il à gracier

…/…

Dans dix ans dans vingt ans si je suis de ce monde
Que sera devenu ton souvenir de nous
Sera-t-il refroidi sera-t-il en partance
Vers cette multitude au seuil de l'entre-nuit
Que seront devenus tous ces tendres « je t'aime »
Déposés au chevet de nos derniers instants
Seront-ils disparus au bout du paysage
De toi de moi de nous sans les associer

Dans trente ans dans cent ans qui sera de ce monde
Que sera devenu le souvenir de moi
Le souvenir de nous sachant bien que l'absence
Ne dure qu'un moment le lendemain qui suit
N'est juste qu'un néant la mémoire est bohème
Pourquoi flânerait-elle aussi loin du printemps
La mort c'est aussi ça le début d'un présage
L'illusoire tic-tac d'un jour sans balancier...

Dés-objectivité…

Il est un tribunal où siège en quiproquos
L'esprit de convenance ici grand moraliste
Chargé d'étiqueter les loges des escrocs
D'autant de leurs écarts quand bien longue est la liste

Et chacun dans sa nuit s'essaye par le nom
Du méfait accompli c'est son équivalence
Car si le décorum sut dire au geste non
C'est bien l'être à la fin que l'on blâme en silence

Au procès de l'humain j'entends tous ces griefs
Qui fanent le vivant et font de lui l'intrigue
D'une sombre méprise où les mots sont si brefs
Pour condamner son âme au pilot d'une digue

Pour telle ou telle cause assimilée à soi
Seront ainsi glosées toutes nos confidences
C'est comme une couleur voire un mode d'emploi
Une traduction qui tronque nos croyances

Les dires sont faussés pour un label de trop
Et ce que l'on veut vivre ou bien faire connaître
Ne peut plus s'entrouvrir coincé dans le garrot
De cette bienséance il nous faut bien l'admettre

Ainsi nait le mensonge…un étonnant rachat
Pour celui qui ne peut témoigner de sa grâce
S'il ne masque son œuvre un serment qu'il prêcha
En contre-vérité pour n'en laisser de trace

C'est là l'invraisemblance où se perd la vertu
Un précepte moral pour une fin contraire
Serions-nous détenus d'un outrage impromptu
Que de cette imposture on ne peut se soustraire…

Faire avec soi...

Dans la confusion de l'affectivité
Dans l'enchevêtrement d'émois hétéroclites
Peut-on vraiment choisir sa sensibilité
Du moins ses ressentis ses éclats insolites

Il est tant d'avatars agitant l'étendard
D'un refuge dormant au fond de la mémoire
Il est tant d'états d'âme aussi loin du hasard
Qui vont s'entrelacer pour infiltrer l'histoire

C'est la raison cachée où s'érige l'instinct
Une intuition qui n'a rien d'arbitraire
Dans un « plus fort que soi » c'est l'intime destin
Du sentiment troublant qui vient pour nous extraire

Dans le frémissement d'un souffle si subtil
Le vertige est pudique et l'onde est délicate
On va prendre le La d'un écho volatil
Pour s'en innocenter quand le moi se démâte

On ne peut pas choisir sa sensibilité
Décider d'un frisson décider d'une ivresse
Dans la confusion de l'affectivité
Mais savoir mieux l'aimer c'est comme une promesse...

De femme à femme...

Si tant de préjugés savent montrer du doigt
Un corps grêlé de noir l'insolent tatouage
Des chaines et des clous le regard est étroit
Il calomnie ainsi le secret de l'encrage

L'indicible beauté de votre sein paré
Qui saura la saisir sans votre âme si pure
Qui nous dira comment il fut transfiguré
Par cet éclat nouveau posé sur sa gerçure

L'histoire d'une faille une amputation
De la féminité du moins en apparence
Votre blessure intime et la gestation
Au creux de l'avant-cœur d'une autre efflorescence

La douceur d'une plume est venue effleurer
Le mal de votre chair le chagrin de votre âme
Non pas pour le masquer mais pour le transcender
Une magnificence apprivoisant le drame

Et je pense à cet Art qu'on nomme Kintsugi
Un peu de poudre d'or sur les brèches d'un vase
Pour souligner le bris qui soudain resurgit
D'une lumière neuve et le joyau s'embrase

La sensibilité de ce geste d'amour
Est-ce l'arcane de votre résilience
Quand promettre à sa plaie une fleur en retour
C'est se relever d'elle avec tant d'élégance

.../...

C'est un destin de femme intimement cruel
La mutilation n'est que dévastatrice
Mais ce sein tatoué devient si sensuel
Qu'il est d'une beauté noblement créatrice

Si par mes préjugés j'ai su montrer du doigt
Un corps grêlé de noir je suis là repentante
Mon insolence à moi c'est là mon désarroi
Et je salue en vous votre grâce envoûtante…

Une voie nécessaire...

Sur le champ du conflit c'est une part de soi
Qui se retrouve à terre une amère querelle
Qui soudain nous abîme éternel désarroi
Au creux d'un souvenir qui perce et qui flagelle

Mais l'autre part de soi qui vit sereinement
Le reste au jour le jour la paix de l'ordinaire
Elle est toujours debout le sait-elle vraiment
Quand elle revient sur cet hier tributaire

Comme un besoin vital un châtiment constant
Cultiver la rancune est presque masochiste
C'est faire perdurer la douleur d'un instant
Entretenir le mal en être fataliste

Est-ce à dire qu'il faut éprouver le pardon
Le pardon généreux l'archétype de l'âme
Enrobé de morale alors que l'abandon
Exige trop d'amour et que l'écart nous blâme

Est-ce à dire qu'il faut seulement oublier
Du moins faire semblant et garder en latence
Un stigmate bien là car jamais gracié
Un sentiment feutré subsiste en évidence

Pourquoi légitimer tel ou tel dénouement
S'honorer de vertus ou plutôt se méprendre
Sur sa propre analyse il n'est là qu'un serment
Serment de plénitude où l'on peut se reprendre

En rompant cette attache en se disant qu'enfin
Elle n'existe plus perdant son influence
On redevient sujet s'éveillant au matin
Et non souffre-douleur d'un passé sans prestance...

Penser l'autre…

Un lien qui se crée et personne pour dire
Ce qu'il va devenir c'en est là sa beauté
Car tout peut s'accomplir le temps nous est prêté
Pour nous réinventer le meilleur ou le pire

Il n'est pas de magie à l'alpha du regard
Souvent fruit du hasard où l'on se réfugie
L'accueillir est un art quand le jour en vigie
Nous dit sa liturgie et perce le brouillard

On ne peut faire sien ce qu'on ne sait permettre
Ainsi même peut-être il n'en sortira rien
Tout n'est pas fait pour naître on le sait ô combien
Pour autant tout est bien car il faut s'y soumettre

L'inconnu si semblable est aussi discordant
Un choc coïncidant au final improbable
Le possible abondant c'est là l'indéchiffrable
La grâce du pensable au destin concédant

Peut-on juste espérer seulement « penser » l'autre
Sans que le cœur se vautre on ne peut l'encombrer
D'un projet qui soit nôtre et même le rêver
Mais juste l'estimer saisir en lui l'apôtre

Un lien qui se crée et personne pour dire
Ce qu'il va devenir c'en est là sa beauté
Car tout peut s'accomplir le temps nous est prêté
Pour nous réinventer un poème à écrire…

Dans l'imperfection de l'être...

Un peu trop raisonnable un peu trop étourdi
Un peu trop fantaisiste un peu trop méthodique
Captif d'une rumeur prisonnier de l'on-dit
Et surtout de soi-même ainsi le rêve abdique

On est ce que l'on est diront les plus passifs
Mon père était ainsi je ne suis pas blâmable
C'est une complaisance à donner les fautifs
Pour ne pas tourmenter la sphère de la fable

Parfois souffre-douleurs d'une complexité
Qui damne leur nature à vouloir se comprendre
D'autres vont s'éprouver et toujours cogiter
Sur cette discordance à n'en pouvoir se rendre

Sans parler du verdict prononcé par les tiers
Qui n'offre aucune chance à la métamorphose
Telle une prophétie ils en sont parfois fiers
Tout se déroulera comme on le présuppose

Il arrive bien sûr de parfois désirer
Etre autre que cela d'enfiler un costume
Qui nous semble idéal et voulant intégrer
Cette vie étrangère on s'y sent dans la brume

Est-ce signifier que nous n'avons donc pas
A ce point-là le choix serait-ce soutenable
Mini-deuils en miroir abandons ou trépas
C'est notre incomplétude est-elle fécondable

.../...

Certes l'on va grandir et nous sommes garants
De notre accroissement dans cette finitude
Mais accepter aussi les stigmates errants
De l'inachèvement c'est notre servitude

Finalement savoir tout simplement aimer
L'intime humanité contrefaite en chaque être
Aimer celui qu'il est sans vouloir le changer
Sans vouloir le dompter... si c'était à permettre…

Appréhension…

La vie et sa gaieté la vie et son offense
Et notre inaptitude à savoir la saisir
Son reflet d'allégresse et son impertinence
Et ce tourment latent d'en perdre le désir

La peur de ne savoir comment vraiment la vivre
Le deuil nous la révèle au cœur de son étau
Un mental en désordre est sur le sens un givre
Qui fige la raison faisant d'elle un ghetto

Une captivité dans un temps dérisoire
Quelques années sur terre au final qu'un hasard
Qui nous pose en un lieu l'idée ostentatoire
De se sentir vivant nous y fait prendre part

Et c'est l'élan vital nourri dans cette impasse
Qui nous fait exister parfois c'est de concert
Avec notre destin parfois dans un surplace
Qui vient nous oppresser on se sent manquer d'air

Etonnante est la vie à l'épreuve de l'âme
N'est-elle qu'un exil ou bien un désaveu
Si nous avions tout faux quel en serait le blâme
Un éden avorté dans l'ombre d'un grand voeu…

A contre-courant...

Un alcazar doré c'est l'enfer du décor
Qu'est juste l'existence en dépit d'une ivresse
Qui nous la rend si belle on en connait le sort
Et cette certitude en fait sa petitesse

Car on en vit les joies souvent avec orgueil
Oubliant le défaut d'une féerie offerte
La grandeur semble vraie et c'est là son écueil
La prison sans barreaux cela nous déconcerte

La porte semble ouverte et l'on ne peut sortir
De cette destinée une sève éphémère
Nourrit notre nature il nous faudra mourir
C'est là l'hérédité d'un père et d'une mère

C'est l'abord le plus sombre et l'on peut le muer
En lui donnant beauté l'espérance tragique
Transforme en sens humain ce qui vient nous clouer
Mais combien cet espoir est souvent hérétique...

Dans un nombre de jours limité…

S'engager en amour c'est toujours à la vie
C'est toujours à la mort un serment immortel
Qui peut se révoquer quand dépérit l'envie
Mais la cendre du temps ignore ce réel

Quand vient le désamour la sentence vivante
Fait naître un sentiment borné par la rancœur
Et c'est bien naturel rambarde rassurante
Pour bannir la mémoire et le mythe traqueur

Qu'on l'appelle abandon qu'on l'appelle non-être
Le passé pour autant ne saurait s'oublier
Et dans le désaveu pourrait-on se promettre
De n'être que de marbre au départ du premier

Agréable ou perfide une essence affective
Demeure et désempare embrasant la psyché
Parfois vers le pardon parfois vindicative
Mais jamais sans effet pourquoi vouloir tricher

S'engager en amour c'est toujours à la vie
C'est toujours à la mort un serment immortel
Quand vient le désamour la table desservie
Dépose l'avenir sur l'immuable autel…

Un acte dépassé…

Serait-ce qu'un récit qui me fascinerait
Celui d'une ascendance une mode ancienne
Une narration qui jadis me cloitrait
Dans un espace-temps que je croyais pérenne

Le dernier patriarche aujourd'hui disparu
Enivrait cette fable et mon imaginaire
Alors dans sa genèse allait bien incongru
Eriger des concepts qu'un écho régénère

Car c'est la même transe endurée au rappel
D'une tradition m'arrachant au fantasme
De l'immortalité d'un vrai coup de scalpel
Hériter du néant dans un ultime spasme

Le souvenir toujours celui du survivant
S'il subjugue l'émoi ligote la promesse
L'image tout au bout d'un rite s'achevant
Signe l'irrévocable elle est là prophétesse

Accomplir le passé de son propre alentour
De son engendrement c'est pour soi la hantise
De tout un irréel se dire au bout du jour
D'un âge révolu que le vrai débaptise…

Tourment du désaveu…

Exister sans aimer c'est mourir sans témoins
N'avoir eu de présence au-delà d'une image
Dans une destinée où l'autre compte moins
Que ce trop-plein de soi qui bien sûr l'endommage

Comme une transparence aux confins du désert
Expiant par l'oubli l'injure faite à l'homme
L'aridité du cœur condamne à découvert
La mort à n'être qu'un non-sens que l'on renomme

Aucun n'aura d'égard à retenir le temps
De celui qui passant délaissa la tendresse
L'essence du vivant se nourrissant d'instants
Où l'être en son voyage accomplit sa promesse

Exister sans aimer c'est mourir sans témoins
Aucun pour prendre soin d'une tendre mémoire
Au bout du no man's land les rivages disjoints
Disloquent la lumière et pleurent leur histoire…

Répertoire à l'accent vrai...

Tous les ans c'est pareil presqu'un rite immuable
La blague collector on la connait déjà
Il suffit d'un regard elle est incontournable
C'est l'humour du pater qui se raconte là

Son parler si typique et sa mine étonnée
Comme s'il nous disait pour la première fois
Ce que tous on attend fédèrent la lignée
En un tacite accord plus vrai que tous les droits

Ses bons mots attitrés c'est comme une estampille
Rien que du fait maison qu'aucun autre ne lit
L'inévitable instant des repas de famille
Demeure si précieux quand le temps s'accomplit

Car est venu le jour où l'on ôte une assiette
Sa place reste vide et chacun se souvient
De ses répétita que l'on pleure en cachette
Le père n'est plus là ce verbe était le sien

Quand tout d'un coup s'élève une voix bien plus jeune
Celle du petit fils qu'il avait tant aimé
Et tout innocemment alors que l'on déjeune
Il raconte au plus près le vieux gag élimé

Et tous l'on se regarde une onde nous pénètre
Ainsi va donc la vie et tout ce qu'il nous fut
Prolonger la présence une histoire à permettre
Sourire comme avant dans ce qu'on a vécu...

Que croire et ne pas croire...

Il nous est étonnant de saisir à quel point
Nous manquons de respect face à la différence
Tellement convaincus que l'autre nous rejoint
Qu'il pense comme nous en toute circonstance

C'est alors que l'on va dans la banalité
Imposer nos crédos infliger nos névroses
Sans nous en rendre compte ôtant la liberté
De celui qui conçoit tout autrement les choses

Il en est d'une fête il en est d'un plaisir
Edictés sans un doute il en est d'une idée
Même d'une habitude attachée au désir
Que l'on en a soi-même et dès lors validée

Comment s'imaginer quand on est voyageurs
Qu'un billet d'avion ne puisse être un sésame
Comment s'imaginer lorsque l'on est noceurs
Qu'un souper sans sortir ne soit pour l'autre un blâme

Penser un seul instant que tous nos locuteurs
Ne participent pas à nos mêmes envies
Et que leur équilibre est parfois bien ailleurs
N'est pas toujours inné nos vues sont asservies

Sans doute froissons-nous sans même le savoir
La sensibilité de ceux qui nous côtoient
Car s'incruster ainsi contre leur bon vouloir
C'est trahir leur nature et plus que l'on ne croit

.../...

Il nous faut pour l'apprendre ressentir le tourment
De s'éprouver distants des décrets manifestes
Comme un extra-terrestre aux prises brusquement
Avec les postulats aux semblants si célestes

L'instant est perturbant quand tout autour de nous
On sent une évidence et sans bruit l'on étouffe
On fera « comme si » les aveux sont tabous
Brimade en solitude exsudant sans esbroufe

Etre soi n'est qu'un rêve empreint d'altérité
Reflet d'un abandon dans le regard de l'autre
Dans l'inachèvement de la réalité
En présence de Qui nous cherchons notre apôtre...

Double vie…

Un monde si banal un univers de rites
Petit bourgeois catho qui meurt à petits feux
C'est un lent suicide où les pages écrites
Dictent au lendemain des serments ennuyeux

Et qui s'apercevra que l'être si conforme
Est en fait un nomade encagé suffocant
Sous le poids du devoir de l'ordre et de la norme
Cherchant son oxygène au soir soliloquant

C'est une double vie un tombeau près de l'Astre
Un ravissant foyer dans lequel il s'éteint
Une prison dorée au cœur d'un beau cadastre
L'ignoble désaveu de ce miroir sans tain

L'aperçu du bonheur est souvent de la sorte
Tronqué par l'étiquette il n'est qu'une douleur
Où le rêve suinte en pleur qui se déporte
Vers le nu du silence habillé d'une fleur

L'infinie solitude est l'émoi qui subsiste
Doit-on le pressentir pour se réaliser
Elle est dans sa souffrance une épreuve d'artiste
Accouchant de son être à jamais incisé…

Aller mieux soi-même ...

Faut-il un châtiment pour faire la justice
Un blâme impitoyable où surgirait la paix
Comme une explosion foudroyant armistice
Fait de cris et de pleurs pour payer les forfaits

La mort laverait-elle une nuit éternelle
Et le délit puni serait-il racheté
Une tombe damnable où l'âme originelle
Expierait à jamais l'aveu d'impureté

Les crimes sont nombreux profanant sans relâche
L'humanité blessée et n'étant que mortels
Amnésiques flottant sur un voile d'attache
Nous pointons le canon vers d'insolents autels

Et les souffre-douleurs payent la lourde peine
La perpétuité d'un sort assassiné
Incurables tourments enchaînés à la haine
Qu'ils voudraient renverser d'un « œil pour œil » inné

Et si la pire gifle au regard de la morgue
Est celle de l'oubli faut-il un châtiment
Pour faire la justice un déchainement d'orgue
Quand surgira la paix de l'inachèvement…

Un père pour ses enfants...

Pour la plupart des gens l'image parentale
Est celle du sommet non pas la sainteté
Mais l'accomplissement complétude vitale
Motivant le fantasme ou la maturité

Un père mutilé dans une circonstance
Trop moche à raconter dépouille le regard
De ses propres enfants de leur préexistence
Pour les saisir de vie aux débris d'un rempart

La perte du cliché de l'être en plénitude
Garnissant l'almanach dans un temps naturel
Met leur sol à l'envers il n'est plus d'altitude
Mais dans l'inachevé du corps originel

Serait-il une esquisse ayant donné sa sève
Au monde inassouvi de rêve et d'idéal
Un baptême pour eux dont la raison s'élève
Vers cette autre apparence où l'ordre est marginal

Tout est incomplétude et l'amour qui s'abreuve
De cet inabouti s'il n'est pas lieu commun
Demeure leur genèse et dans cette aube neuve
Le père et ses enfants se sont donné la main...

Entité potentielle...

Avant de voir le jour tout est-il virtuel
Transitant par l'idée à l'aube du mirage
Où l'hypothèse innove un état casuel
Qui pour autant devient un véritable ancrage

Les rêves et tourments sont ainsi fondateurs
D'une image mentale où tout va prendre forme
Du réel en latence aux reflets migrateurs
Demain vers aujourd'hui quelle en serait la norme

A l'ère du fictif que nous faut-il saisir
L'incorporalité serait inexistence
Si nous ne voulions pas accomplir le désir
D'une métamorphose engendrant la distance

Entre être et ne pas être une futilité
Va créer le mensonge abusant du principe
Pour produire l'objet sans le déshériter
De son expédience où le vrai s'émancipe

C'est la réalité qui devient le complot
D'un futur éthéré comme une boursouflure
Dans l'univers sensible une sorte de plot
Qui flotte sur l'absence et nous la transfigure...

A toutes les victimes d'une enfance maltraitée...*

Faut-il vraiment ouvrir la boîte de Pandore
Déverrouiller hier pour mieux vivre aujourd'hui
Il est de ces secrets que l'être subodore
Sans pouvoir les saisir tant l'oubli le séduit

Pourquoi mettre des mots sur le cri du silence
Reconnaître un visage au bout d'un cauchemar
Cela s'impose à soi sans une ambivalence
Quand l'instant est venu de battre le trimard

Parfois vieux de trente ans ou même plus encore
Déchirant l'amnésie un souvenir surgit
Qui se tenait caché le psychisme édulcore
La finesse des sens mais la raison vagit

Remontée explosive une bombe atomique
Comme une caméra que l'on tiendrait en main
Les détails en cascade et l'écran dynamique
Tout est là pour refaire à nouveau le chemin

Le corps lui n'avait pas absout le traumatisme
Le mal est psychogène il l'exprimait ainsi
Une morbidité comme un sourd prophétisme
C'est l'écho distordu d'un miroir obscurci

Des ombres prohibées qui soudain se rencontrent
Se blessent l'une et l'autre et pourtant c'est le voeu
De ces âmes meurtries les stigmates démontrent
Qu'il leur fallait revivre une histoire un aveu

.../...

Allant jusqu'à guérir transférant la colère
De ré-ouvrir les faits en combat collectif
Convertir la cassure élever la galère
A son rang le plus noble où l'Amour est motif...

* qu'ils aient pu ou non ouvrir "la boite de Pandore", qu'ils aient pu ou non "convertir la cassure"....

Puisqu'il en fut ainsi...

Un même coup de sabre affligé rudement
Des traumas bien distincts des blessures différentes
L'effet collatéral incontestablement
Mais aussi des vertus plus ou moins inhérentes

L'un va se libérer de l'indignation
Quand l'autre va nourrir une colère avide
L'un n'en parlera pas vivra dans l'action
Et l'autre plus figé disséquera le vide

Ainsi tout accident va venir tatouer
Un mental à jamais celui de la victime
En premier lieu bien sûr aussi sans oublier
L'entourage touché d'un chaos légitime

Pour chacun la fracture exsudera son mal
Personne n'est indemne et même le silence
Qui s'insère autour d'elle est juste séismal
Il déconcerte l'âme et lui fait violence

Et tous ces gens qui sont si certains de savoir
Comment ils répondraient à pareil cataclysme
Alors qu'ils sont si loin de l'entrapercevoir
Ce n'est que du mépris né de l'égocentrisme

L'accord ne se construit que sur un abandon
Car hériter un jour d'un revers de la vie
C'est forcément mourir à ce qui semblait bon
Et peut-être pour naître à ce qui nous convie

.../...

J'aimerais tellement qu'il ne sorte jamais
Quoi que ce soit de laid du destin de mon père
De son infirmité de trop de camouflets
Que son histoire engendre une grâce sincère...

Rouage infernal…

Si même on a du mal à concevoir jusqu'où
Peut conduire l'amour quand il est véritable
Sommes-nous clairvoyants pour consentir d'un coup
Aux images du mal lorsqu'il est innommable

S'imaginer Auschwitz c'est restreindre l'horreur
A l'immaturité de notre connaissance
Croire l'avoir compris n'est certes qu'une erreur
Qui peut se figurer pareille expérience

Pénétrer les échos que l'on peut effleurer
Dans le regard de ceux qui l'ont vraiment vécue
C'est mettre à notre échelle et sans le censurer
Le futur de la haine en nous tous invaincue

Bien sûr le temps a fui je le vois dans leurs yeux
Je me sers de mon âge et de ma conscience
Pour m'extraire du fiel et du crime odieux
Mais ce n'est qu'alibi pour tenir audience

Car qu'en est-il de moi lorsque je n'aime pas
Telle ou telle personne inimitié minime
A côté de la honte à côté des trépas
Mais c'est quand même entrer dans tout ce qui décime

Ce n'est pas parce que le tort est différent
Qu'il en serait bénin car on ne saurait dire
Quelle en sera la fin la folie opérant
Toujours par le décompte où l'injure conspire

Si même on a du mal à concevoir jusqu'où
Peut conduire la haine il faut s'en faire idée
Pénétrer les échos l'Amour est à ce coût
Se souvenir toujours d'une vie exsudée…

Au bout de son histoire…

S'échapper pour s'aimer s'enfuir de sa famille
Parce que l'arrêté n'a pas donné le choix
C'est le déchirement la base qui vacille
Le fils congédié portera là sa croix

Parce qu'il a brisé le projet de ses proches
Qui se croyaient tenants de son propre destin
Il va désavouer les blâmes les reproches
Pour partir vivre ailleurs son amour clandestin

C'est au nom d'un principe un dogme une morale
Qu'il s'est vu rejeté le penchant sexuel
Le vécu de l'amant la souche raciale
Et bien d'autres raisons provoquent ce duel

La dissimilitude exhorte l'étroitesse
A s'autoproclamer oukase du vivant
La liberté du cœur c'est là que le bât blesse
S'élève solennelle et tout se fait mouvant

Punir un sentiment c'est si blasphématoire
Et bien sûr par surcroît celui de son enfant
Qu'il s'agit d'emmener au bout de son histoire
Etre père être mère et tout va triomphant…

La part des choses…

Ai-je vraiment changé lorsque je vous déçois
Ou lorsque tout d'un coup je vous fais la surprise
D'une belle action l'écart que je conçois
N'est-il en vérité qu'une vile méprise

Un jour vous apprenez un fait qui vous était
Jusque-là méconnu peut-être une parole
Peut-être une querelle un choix gardé secret
Voire un engagement qui soudain vous désole

Et vous croyez alors avoir été trompés
Je ne serais donc pas fidèle à notre histoire
Vous me dénigrerez les dés étaient pipés
Tout ce qu'on a vécu vous devient dérisoire

Ce soudain volte-face au fond il est aussi
Celui qui précipite une estime nouvelle
C'est du pareil au même un cassant raccourci
Qui gomme le passé quand l'image ruisselle

Celle que vous aimiez ou que vous aimiez moins
S'est-elle convertie en une autre personne
Parce que vous percez ce qu'étaient les recoins
Jusque-là camouflés et cela vous étonne

Moi je n'ai pas changé vous l'ignoriez c'est tout
C'est votre vision qui là s'est affinée
Votre perception sur le bord toujours flou
De ce qui se distingue était juste erronée

…/…

Le regard est ainsi quand l'image éconduit
Toute lucidité dans l'inexactitude
D'un argument vital le mythe qui séduit
Le reflet du vivant signe sa finitude…

Tressaillement…

Oui ça finira mal…mais alors d'où nous vient
Ce désir cette rage au tréfonds du mystère
Qui toujours nous transcende un berceau diluvien
Un mythe une existence où la raison se terre

Car c'est en soi burlesque une telle candeur
A faire comme si tout était immuable
Alors que rien ne l'est ni même la grandeur
De notre rêve à tous qui n'est que chérissable

Et pourtant toujours plus nous regardons plus loin
Nous inventons la vie au gré de nos caprices
De nouveaux objectifs dont nous prenons grand soin
En les enrubannant dans nos propres matrices

Serait-ce un seul déni qu'il ne durerait pas
Car forcément qu'un jour on se retrouve en face
De l'ignoble évidence arrive le trépas
D'un père ou d'une mère et l'immortel s'efface

Peut-être un gout du risque on aime défier
La vérité du Sage un peu comme la chèvre
Du vieux monsieur Seguin qui sut magnifier
L'épreuve du vivant au plus Haut de sa fièvre

Et cette ivresse folle à se sentir debout
Flirtant avec la mort pour libérer le souffle
De quoi se nourrit-elle un fondement tabou
Que toujours l'alibi dénature et camoufle

…/…

Oui ça finira mal… mais alors d'où nous vient
Ce désir cette rage au tréfonds du mystère
Juste un acte de foi car s'il n'en était rien
Il serait ce chagrin que le silence enterre…

« L'espérance est un acte de foi » Marcel Proust

Loin de tous les petits Caliméro…

Se plaindre est l'option qu'il faut d'abord cocher
Pour garantir l'effet de l'ombre sur la route
Des malheurs prépayés le sourire amoché
Lorsqu'on aime gémir le préjudice envoute

Dans une complaisance à se déposséder
Du pouvoir d'être heureux il est de ces personnes
Qui toujours s'apitoient voulant surtout plaider
Le statut de victime au regard des maldonnes

Bien sûr que certains jours sont parfois éprouvants
Même ces petits riens qui d'un coup envahissent
La vigueur du présent se font démotivants
Car l'exigence est telle et les maux les trahissent

Mais pour autant peut-on toujours se lamenter
Que pour un contretemps voire même un caprice
C'est se pourrir la vie et même l'insulter
Surtout lorsqu'on a tout pour l'aimer créatrice

Car à côté de ceux qui pourtant sont gâtés
D'autres plus malchanceux vont eux devoir apprendre
A survivre autrement dans des corps démâtés
Dans des cœurs disloqués des avenirs de cendre

Et ce sont eux qui sont souvent les mieux venus
Pour parler du bonheur il faut bien les entendre
Parce qu'on ne peut rien changer aux imprévus
Autant tirer le mieux sans se perdre en esclandre

…/…

La cruauté du sort a tout accéléré
Et se faire du bien devient comme une urgence
Sans un gémissement l'idéal espéré
Prend source au cœur du jour c'est là que tout commence

Le sourire n'est pas le signe du « bien né »
L'être serein n'est pas plus possédant qu'un autre
Mais il sait ressentir ce qui lui fut donné
Et cette force-là sachons la faire nôtre…

Mission sans feuille de route…

On ne peut pas jouer l'histoire en sens inverse
Et j'ignore pourquoi je suis encore là
Des amis sont partis le chaos se déverse
Au gré des faits divers nous expiquant cela

A quoi tiendrait-il donc d'être sur cette rive
Ou bien d'être sur l'autre une ligne isolant
Les vivants et les morts quelle est la directive
Qui classe les destins tout en les exilant

Je n'ai rien fait de mieux peut-être rien de pire
La vie aime fronder le principe premier
De la géométrie entre deux points s'étire
Une droite brisée et sans égalité

C'est comme un temps flottant limite chimérique
Où je suis en surnage à la fois dans la peur
A la fois dans la fougue une fable cyclique
Abjurant le bon sens pour un serment trompeur

Dans cette apesanteur qui me fait être au monde
J'éprouve l'existence et sa complexité
Ce qui va me hanter la farce est inféconde
Et me projette au cœur de son adversité

A quoi cela tient-il d'être sur cette rive
Car j'ignore pourquoi je suis encore là
Les vivants et les morts quelle est la directive
Et quel est l'alibi qui concède cela…

Plutôt qu'ouvrir son cœur...

C'est quand la peur dirige une confusion
Que juste la clarté préside l'imposture
L'oxymore de soi rentre en collision
Avec son évidence en tous points immature

La peur ou le déni pouvant se dédoubler
Pour se masquer l'un l'autre et faire front ensemble
L'être est bien abusé dans le reflet troublé
De ses propres non-dits sait-il même qu'il tremble

De lapsus en faux pas et des choix maladroits
Il va candidement vers l'auto-prophétie
De chaque canular à l'envers des endroits
Où la psyché renvoie une image étrécie

Finalement le spectre est avant tout le vrai
Du néant qui se nomme un fantasme qu'on livre
Aux démentis du temps un désaveu pauvret
Chacun n'est qu'un faussaire aspirant à survivre

Et tout ce qu'on redoute étant surtout ce qui
Il faut en convenir au plus près nous ressemble
Nous sommes ces vendus monnayant un acquit
Pour que l'illusion soit ce qui nous rassemble...

Quel amour véritable...

Etre aimant de l'amour d'un trouble d'un émoi
Peut-être même plus que de l'aimé lui-même
Quel étrange tendresse un quiproquo de quoi
Lorsque le sentiment trouve bon ce qu'il sème

Désirer cet élan c'est bien sûr motivé
L'extase est légitime au foyer de la flamme
Un effet enchanteur que l'on veut éprouver
C'est le cœur artichaut qui tient là son sésame

Cette relation ce qu'elle anime en soi
La grâce qu'elle émet sans conteste elle est douce
Mais est-il une forme un état qui soit roi
Comme un euphorisant que l'égoïsme émousse

Etre épris de ce shoot c'est presque le Graal
De la prospérité qui toujours nous fascine
Et cette synergie active le mental
Elle est très intrinsèque égo qui s'enracine

A tel point que parfois c'est l'émulation
De conquête en conquête on cherche mieux encore
Car l'amour de l'amour c'est sa condition
Est souvent fugitif vite il se décolore

Au-delà de l'effet qu'il sait nous engendrer
Sachons voir pour de vrai l'aimé que l'on espère
Bien plus que complément d'un « soi-même » cadré
Il est une personne un être à part entière

.../...

Aussi sans oublier tout ce qu'il vit en nous
Il peut être chéri pour ce qu'il est lui-même
Le saisir dans le monde et ses joies sont bijoux
En nous rendant heureux c'est notre diadème

***

Etre aimant de l'amour qu'il permette cela
Le rire et le plaisir c'est un bel avantage
Mais être aimant de l'autre et du fait qu'il soit là
C'est la vocation la beauté du voyage…

A l'épreuve du vivant...

La temporalité nous met-elle au final
Du côté de la vie ou de la finitude
L'existence est fugace et le deuil est fatal
Est-ce là son essence ou son incomplétude

Parce qu'irréversible on sait bien que le temps
Il est comme vital il faut saisir son souffle
Et même s'en nourrir car chacun des instants
Disparait dans l'oubli que la pierre camoufle

Et cette évanescence exacerbe le goût
Riche de son urgence affichant en lumière
L'important de la vie elle est deal un peu fou
Bien être ou ne pas être avant d'être poussière

C'est là son paradoxe et l'immortalité
Que nous voudrions voir ôterait l'appétence
Si c'est de l'éphémère où l'on est tourmenté
Que la mort est matrice est-elle sa substance

L'idéal est tendu vers un point infini
Que fronde le destin lors de chaque finale
Le sens de ce néant toujours nous démunit
Il est insaisissable et la peur est banale

***

Dans cette incertitude on va donner raison
A l'existence humaine en transcendant son heure
Pour mieux mourir ensuite enchérir la saison
Pas au-delà du temps mais perçant sa demeure

…/…

La mort ne détruit pas ce que l'on a goûté
Et ne peut démentir que l'on fut bien vivant
Et c'est la complétude en sa complicité
Qui va prendre son sens puisque la dépassant

La temporalité nous met-elle au final
Du côté de la vie ou de la finitude
L'existence est fugace et le deuil est fatal
C'est bien là son essence est-ce sa solitude…

Etrange canular...

Ce sont dans les hasards de la vie ordinaire
Un mot par-ci par-là lancé naïvement
Ou bien juste un regard peut-être un peu lunaire
Qu'on se laisse troubler par qui l'on est vraiment

Pourquoi subitement l'écho se fait si proche
Ou pourquoi sans raison l'on va surenchérir
Une broutille en soi quelle est donc cette accroche
Active à notre insu qui sait nous conquérir

Des instants déroutants pour qui croit se soumettre
Aux examens d'humeur sans le moindre soupçon
Mais tout ce qui motive un choc au périmètre
Du silence oublié traduit la malfaçon

Peut-être encore pire ou ça revient au même
Lorsque c'est l'autre qui vient nous déconcerter
Au final que sait-on de tous ceux que l'on aime
Lorsque d'un fait divers jaillit la vérité

Dans un même décor nous sommes ces mirages
Que nous apercevons habillant le distant
Pour occuper l'espace où d'étonnants messages
Viennent se faufiler tout en nous ligotant

Le volume le poids de notre incomplétude
Dans nos attachements sont comme un guet-apens
Se rappelant à nous le vrai par habitude
S'obstine à déguiser son oeuvre à nos dépens...

Dans l'intimité silencieuse...

Il suffit d'une goutte au bord du trop aimé
Pour que l'âme déborde en perle de tendresse
Et le soupir l'enlace un instant sublimé
Cette brume soyeuse est comme une caresse

Une intimité douce et pénible à la fois
C'est la mélancolie onirique et chagrine
Ce besoin de plonger aux tréfonds des émois
Saisir un souvenir qui là-bas pérégrine

Et le serrer bien fort pleurant ce grand sommeil
Qui d'un coup nous étreint la mémoire est sensible
Et l'absence dévoile un néant sans pareil
Une brûlure intense où perce l'indicible

Pour se poser aimante en un cocon de soi
Chérissant l'abandon dans un spleen poétique
Qui berce et qui console un soir de désarroi
Epurant la disgrâce où la mort est cynique...

Dans l'instant du « plus jamais »…

C'est lorsque l'on a vu le cercueil se fermer
Sur le corps de son père à l'ultime seconde
Où l'image s'empreint que l'on peut exhumer
Du plus profond de soi toute l'âme du monde

Cet instant saisissant qui va là s'effacer
Où la chair cristallise avec autant de force
Ce tout dernier regard jusqu'à s'en transpercer
L'esprit la peau l'amour du vide qui s'amorce

On voudrait l'incruster à jamais sur le temps
Arrêter celui-ci l'empêcher de survivre
A ce vil claquement les verrous résistants
Mais l'imminence est là quand l'éternel se givre

Du jour où l'on a dû serrer les poings si fort
Pour signer ce moment convulser la mémoire
Pour qu'elle ne meurt pas d'un fictif réconfort
L'enfance a déflagré démembrant son histoire

La racine du ciel trouverait son substrat
Dans cet arrachement que juste l'origine
Saisirait là son mal un perfide contrat
Entre la raison-source et ce qu'elle pagine

***

C'est lorsque l'on a vu le cercueil se fermer
Sur le corps de son père à l'ultime seconde
Où l'image s'empreint que l'on peut confirmer
L'emprise de la vie à l'épreuve de l'onde…

De ces ressources équivoques...

Une fragilité qui quête la bonté
Un talent vertueux qui permet l'altruisme
Comme un fondamental duquel l'on est doté
Chacun reçoit ce bien qui fait son dualisme

Car aucun être humain ne saurait être exclu
De cette double donne et s'il se montre amène
Au don d'une aptitude il est moins avenu
A trouver bon la brèche où la bravade est vaine

Pourtant cette misère un peu comme un accroc
Dans le miroir de soi c'est bien la craquelure
Par laquelle ce souffle émerge de l'égo
Pour nous fusionner à l'autre sans doublure

Une faille féconde où l'on devient uni
Car elle nécessite un secours charitable
Au sens noble du terme au final défini
Par la précarité de l'inconnu semblable

Aimer sa pauvreté comme un présent reçu
C'est le défi du vivre et faire se répandre
L'aptitude à servir grâce au penchant perçu
C'est bien la mission de l'âme en son méandre...

<u>Le sourire de la lune...</u>

Un asile un abri juste connu de moi
Rien que pour m'y glisser sans aucune exigence
Et là me retrouver dans un trop plein d'émoi
Cueillant la quiétude et la paix du Silence

C'est un jardin secret que j'aime cultiver
Des parcelles de vie et des lopins de rêve
Un espace sauvage où je viens m'abreuver
Mon refuge mon port où le tourment s'achève

Et derrière le mur de la réalité
Dans cette solitude où tout devient paisible
C'est le souffle nouveau d'un matin déporté
Venu me murmurer l'espoir imperceptible....

TABLE DES MATIERES

Préface	5
Confession particulière…	7
Ajustement…	9
La spiritualité du monde…	10
Rosée blanche…	11
Vivre et non survivre…	12
D'un même cœur à corps…	13
Le sceau de la lumière…	14
Inachèvement…	15
L'hypothétique vérité…	16
Etourdissement…	17
Marqué par le sceau de la vie…	18
Préparer demain…	19
Scintillation…	20
Un unique almanach….	21

Retombée d'adrénaline…	22
Se donner la chance…	23
Enfoui dans la pléthore…	24
Parmi les autres…	25
La grâce originelle…	27
Quand le maître s'efface…	28
Sur un socle mouvant…	29
Entre les blancs du temps…	31
Retour vers l'origine…	32
Dans un reflux lunaire…	33
Dans un aveu de gratitude…	34
Délivrance…	35
Fragile acuité…	36
La vie hors-sol…	37
Qualités ou défauts ?...	39

Loin des énergivores…	40
De ce qui précède ou de ce qui succède…	41
Quand on aime à jamais….	42
La nature de la réalité…	43
Au soleil de l'âme…	44
Un vaste horizon…	45
L'influx du sablier…	46
Funérailles sauvages...	47
Un frisson clandestin…	48
Impacts en multitude…	49
L'impossible consentement…	50
Hier sera-t-il éternel…	51
Sous un ciel délateur…	52
Au fil du temps…	53
Double peine…	54

Improbable rencontre…	55
Ressouvenance…	56
Tout au long du chemin…	57
Poésie des origines…	59
L'art du Kintsugi…	61
Est-il cet Absolu…	62
La face cachée des choses…	63
Emergence…	64
« Préparer le chemin »…	65
N'est-ce qu'une survivance…	67
Complexité du désir...	69
Que pour aimer la vie…	70
Vers quel achèvement...	71
C'est la règle du jeu…	73
Notre seule option…	75

L'évidence oubliée…	76
Puisque rien ne se fige vraiment…	77
A l'épreuve de soi…	79
Nudité sans fard…	80
Vers sa vocation…	81
Mutation du vivant...	82
Dysfonctionnement…	83
En autosubsistance…	84
Au clair de plume…	85
L'épreuve de l'existant…	86
Quelle fin pour soi…, quelle fin pour moi…	87
Déjà…	89
Dés-objectivité…	91
Faire avec soi…	92
De femme à femme…	93

Une voie nécessaire…	95
Penser l'autre…	96
Dans l'imperfection de l'être…	97
Appréhension…	99
A contre-courant…	100
Dans un nombre de jours limité…	101
Un acte dépassé…	102
Tourment du désaveu…	103
Répertoire à l'accent vrai…	104
Que croire et ne pas croire…	105
Double vie…	107
Aller mieux soi-même …	108
Un père pour ses enfants…	109
Entité potentielle…	110
A toutes les victimes d'une enfance maltraitée…*	111

Puisqu'il en fut ainsi…	113
Rouage infernal…	115
Au bout de son histoire…	116
La part des choses…	117
Tressaillement…	119
Loin de tous les petits Caliméro…	121
Mission sans feuille de route…	123
Plutôt qu'ouvrir son cœur…	124
Quel amour véritable…	125
A l'épreuve du vivant…	127
Etrange canular…	129
Dans l'intimité silencieuse…	130
Dans l'instant du « plus jamais »…	131
De ces ressources équivoques…	132
Le sourire de la lune…	133